CLEBERSON EDUARDO DA COSTA

LA SOCIÉTÉ DES

RICHES SANS ARGENT

IDÉOLOGIE, HÉGÉMONIE CAPITALISTE ET
MYTHE DE LA RÉUSSITE SCOLAIRE

Atsoc Editions

CLEBERSON EDUARDO DA COSTA

LA SOCIÉTÉ DES RICHES SANS ARGENT

IDÉOLOGIE, HÉGÉMONIE CAPITALISTE ET MYTHE DE LA RÉUSSITE SCOLAIRE

Atsoc Editions

1ère édition

Titre : LA SOCIÉTÉ DES RICHES SANS ARGENT: IDÉOLOGIE, HÉGÉMONIE CAPITALISTE ET MYTHE DE LA RÉUSSITE SCOLAIRE

1ère édition en portugais

Tous droits réservés pour cette édition : l'auteur

Auteur: *Cleberson Eduardo da Costa*

Couvrir: *Cleberson Eduardo da Costa/Atsoc Editions - éditeur*

Révision: *Cleberson Eduardo da Costa/Atsoc Editions - éditeur*

Idéalisation: *L'auteur*

Conception graphique et édition : *Cleberson Eduardo da Costa/Atsoc Editions – éditeur*

Les données de catalogage international à la source de tous les droits d'auteur

C00147A Costa, Cleberson Eduardo Da.

La société des riches sans argent: idéologie, hégémonie capitaliste et mythe de la réussite scolaire/Cleberson Eduardo Da Costa, Atsoc Editions : Rio de Janeiro, 2019.

1. Philosophie; 2. Sociologie 3. Éducation ; 4. Pédagogie ; 5. La société des riches sans argent. Titre I.

DÉDICACE POUR : VICTORIA MAGALHÃES DE JESUS COSTA, MA FILLE; ET POUR TOUS CEUX QUI ONT CONTRIBUÉ DIRECTEMENT ET/OU INDIRECTEMENT À LA RÉALISATION DE CETTE UVRE, TELS QUE MES FRÈRES CLEVERSON EDUARDO DA COSTA ET LEANDRO COSTA ; MES SOEURS GLAUCIA CRISTINA COSTA ET RENATA MICHELE COSTA; MA MÈRE, MARIA DAS DORES COSTA; ET LA MÈRE DE MA FILLE VICTORIA, FLÁVIA MAGALHÃES DE JESUS, À MON NEVEU JOÃO VITOR ET MES NIÈCES ISABELA ET DUDA.

PRÉSENTATION

Ils étaient et, encore aujourd'hui – l'aube du siècle. XXI – nombreux sont ceux qui, guidés par les idées politico-économiques de la pensée marxiste, prônent et prônent la fin du capitalisme.

Ils prônaient et préconisent que, suite à un processus matériellement dialectique de l'histoire, la "société politique" capitaliste serait ou sera aussi naturellement incorporée par la "société civile", donnant naissance à une société "dite parfaite" ou communiste, sans classes, dans laquelle tous les hommes exclus, en elle, seraient enfin libérés des injustices et/ou des inégalités sociales.

Ce qui est évident, cependant, c'est que, historiquement, le capitalisme – bien qu'ayant traversé de nombreuses crises et étant également un système politico-économique dont la classe et/ou le groupe social a, par essence, comme principe, de désagréger plus de membres du agrégat – il a toujours maintenu son hégémonie. C'est-à-dire que, contrairement aux thèses marxistes sur sa prétendue fin, le capitalisme, selon les premières analyses politico-économiques de l'Italien Antonio Gramsci, a également apporté avec lui la soi-disant hégémonie, le faisant – par son caractère idéologique paralyser, et non seulement conditionner la dialectique de l'histoire. En d'autres termes, faire en sorte que le capitalisme, en tant que société politique, à travers l'idéologie, reste la classe dominante et ne soit pas incorporé par la société civile.

L'objectif de notre travail est donc de réaliser une étude sur les enjeux entourant les relations idéologiques entre la (par nous appelée) société des riches sans argent et le capitalisme, dans la mesure où il est dans les sociétés post-occidentales modernes, a systématisé et diffusé dans l'imaginaire socioculturel du prolétariat (sous forme de valeurs et de principes), ses idéaux et/ou idées, en les cooptant, sans toutefois, dans le même processus, aussi socialiser et/ou redistribuer les moyens matériels de production sociale de l'existence. Ceci, pour nous, est évident comme l'une des formes les plus radicales – et en même temps subtiles – d'hégémonie capitaliste présente au 21e siècle.

Notre objectif sera donc aussi de chercher à comprendre comment, à travers l'idéologie de laRéussite scolaire, liée à l'idée d'ascension sociale, l'éducation est désormais conçue, socialement, comme un produit, et l'École, dans le même voie, systématisée comme celle dont la fonction n'est pas seulement de former une main-d'œuvre bon marché et dite qualifiée pour la formation de l'armée de réserve (recommandée par Marx), mais aussi, en socialisant les individus, de les faire incorporer, comme leur propre , capitaliste valeurs et principes (Consommation, Méritocratie, Individualisme).

Nous espérons que ce travail pourra contribuer non seulement à la formation d'une génération plus critique, mais aussi plus solidaire, éthiquement et politiquement participative.

L'auteur

A PROPOS DE L'AUTEUR

Cleberson Eduardo da Costa (plus de 100 livres publiés, beaucoup d'entre eux traduits dans d'autres langues), né à Rio de Janeiro, diplômé de l'UERJ (Université d'État de Rio de Janeiro/1995-1998), Postgraduate in Education (UCAM Université), Postgraduate in Philosophie et Droits de l'Homme (UCAM Université), Master et Docteur (gratuit) en Philosophie de la connaissance (épistémologie) et Pédagogie Clinique (FUNCEC - recherche, enseignement et vulgarisation), Chercheur, Professeur des Universités, Spécialiste en méthodologie de l'enseignement supérieur, Diplôme en Fondamentaux, Sociologie, Psychologie et Philosophie de l'Éducation, Didactique, EJA (éducation des jeunes et des adultes), etc.

De plus, il a été Étudiant Spécial de la Maîtrise en Education (1999-2001/PROPED/UERJ), inscrit, après avoir réussi un examen public, dans les matières [séminaires de recherche] STATUT PHILOSOPHIQUE (donné et coordonné par le Professeur Dr. Lilian do Valle); et POLITIQUES ÉDUCATIVES AU BRÉSIL ET EN AMÉRIQUE LATINE (données et coordonnées par le professeur Dr. Pablo Gentili).

Il a également étudié dans le cours de MBA en gestion d'entreprise à FUNCEFET/RJ/Região dos Lagos (2003-2005); dans le cours post-universitaire en administration et planification de l'éducation à l'UERJ (1999-2000); et a tenu plusieurs cours ouverts et/ou avancés dans les domaines de la philosophie et de la psychanalyse par diverses institutions, dont la FGV (Fundação Getúlio Vargas) et la SBPI (Société brésilienne de psychanalyse intégrée).

De 1998 à 2008, il a été professeur de l'enseignement supérieur (Institut d'enseignement supérieur de l'UCAM/Université Cândido Mendes) sur les campus universitaires de Niterói, Nova Friburgo, Araruama, Rio de Janeiro, Teresópolis, Rio das Ostras, etc. Il a participé (dans sa trajectoire intellectuelle professionnelle et/ou académique) à plusieurs recherches, comme par exemple le projet UERJ-DEGASE, lié à (EJA) et aussi à des recherches centrées sur des enjeux politiques, philosophiques et pédagogiques avec des professeurs de renom tels que comme Pablo Gentili (UERJ/CLACSO), Cleonice Puggian (UNIGRANRIO), Carla Imenes (UEPG), Cristhiane Silva Albuquerque (UERJ), Marco Antonio Marinho dos Santos

(OCA/RJ) parmi beaucoup d'autres. Actuellement dédié à l'enseignement universitaire; à la recherche en éducation; consultations liées à l'éducation, dans le sens de l'amélioration, du dépassement et du développement humain; aux conférences académiques et multi-organisationnelles et à la production d'ouvrages dans les domaines les plus divers de la connaissance.

clebersonuerj@gmail.com

CONTENU

UNITÉ I

L'HÉGÉMONIE CAPITALISTE AU SIÈCLE XXI
LA SOCIÉTÉ DES RICHES SANS ARGENT

I. 1 – L'HÉGÉMONIE CAPITALISTE AU SIÈCLE XXI : l'idéologie constitutive de la société des riches sans argent.

I

A insi écrivaient Marx et Engels dans le Manifeste communiste:

> La société bourgeoise moderne, qui s'est élevée sur les ruines de la société féodale, n'a pas aboli les antagonismes de classe (...). La société est de plus en plus divisée en deux vastes camps ennemis, en deux classes diamétralement opposées (bourgeoisie et prolétariat). (p.195)

Selon Marx et Engels, la lutte des classes, ou plutôt l'affrontement direct entre exploités et exploiteurs, ne disparaîtrait que d'un prétendu changement qualitatif de la société capitaliste à la société communiste, issu d'un processus matériellement dialectique de l'histoire, dans lequel tous les hommes dits exclus, y seraient enfin libérés des prétendues injustices et/ou inégalités économico-sociales. Ainsi, Marx et Engels ont prédit la soi-disant fin du capitalisme: sa soi-disant absorption naturelle en tant que société politique[1], par la société civile[2], culminant dans son grand idéal de société.

Cette supposée réalisation de la conception de la fin du capitalisme, pourtant, bien qu'elle soit considérée comme un processus historique dialectiquement naturel, ne se produirait pas (comme cela ne s'est pas produit et ne s'est pas produit jusqu'à aujourd'hui) dans un processus consensuel et /ou consentie, et beaucoup moins passive ou sans résistance, de la part des capitalistes, en tant que société ou classe économico-politique. Marx lui-même a attiré notre attention sur le puissant effet de l'idéalisme

---

[1]Société politique - correspond, dans les sociétés capitalistes, au groupe et/ou à la classe d'individus qui, à travers le contrôle de l'État, détiennent l'hégémonie sur les autres classes, en particulier le prolétariat, se concentrant sur lui-même, en plus du pouvoir économique, également du pouvoir culturel et institutionnel. Elle peut aussi être comprise comme l'élite économique qui domine la vie de la Polis (superstructure).

[2] La société civile - correspond, dans les sociétés capitalistes, au groupe et/ou à la classe sociale correspond au prolétariat, c'est-à-dire à un groupe d'individus qui, en langage marxiste, ne possèdent pas les moyens matériels de production de l'existence et, par conséquent, parce que du besoin de subsistance, ne participe pas activement à la vie de Polis.

hégélien, transformé en conception politique conservatrice et/ou en simulacre par les capitalistes, puisque cette même idéologie, au sein de la société, avait et/ou a le pouvoir de contenir, d'interrompre et/ou changer le cours dialectique de l'histoire, c'est-à-dire inverser la réalité. Selon les mots de Marx: *L'idéologie cherche à changer le cours de l'histoire, qui va naturellement vers une société plus juste, plus libre (...)*. En tant que mécanisme d'hégémonie capitaliste (superstructurellement parlant, c'est-à-dire en termes d'imposition d'une culture, contenant en elle des principes, des valeurs, des manières d'être, de sentir et d'agir), l'idéologie a le pouvoir de formater ou de conditionner les psychismes convergent vers la systématisation de leurs contenus éthiques et, donc, de la même manière, aussi les déformer et/ou les paralyser, en tant que classes dominées idéologiquement, à la nécessité de rechercher des changements structurels dans l'ordre social actuel. Il est impératif de dire, cependant, que les idées de Karl Marx (et il n'y a pas d'exagération dans cette affirmation) ont pu donner - même si c'était son intention - la clé pour les capitalistes, en tant que classe opposée aux prolétaires, pour viser -à maintenir le statu quo et/ou son hégémonie, faire usage de l'idéologie,

1- Par l'usage systématique de l'idéologie, les capitalistes postmodernes semblent en effet avoir paralysé la dialectique matérielle de l'histoire prônée par Marx, s'inscrivant au pouvoir comme classe hégémonique, dans la mesure où, à l'aube du XXIe siècle:

2- Les sociétés capitalistes occidentales sont en constante évolution, à travers des processus d'incitation à la consommation, appelés obsolescence programmée, mais sans pour autant, dans ce même système idéologique, réellement changer. C'est-à-dire:

3- Sans, en fait, en tant que société politique, être incorporée par la

société civile, au sens visionnaire de
Marx. (c'est moi qui souligne)

En d'autres termes, en tant que classe économique
antagoniste au matérialisme dialectique de
l'histoire, non conforme à sa prétendue fin prônée
par Marx, en tant que mesure réactionnaire, peut-
on dire, le capitalisme commencera à utiliser
l'idéologie comme un instrument réel et efficace de
contrôle et de pouvoir, afin de, à travers elle:

> Stagnation et/ou paralysie de la dialectique
> de l'histoire, faisant ainsi que leurs
> sociétés changent toujours, mais sans,
> structurellement et/ou essentiellement,
> dans le même processus, réellement
> changer. (c'est moi qui souligne)

II

Dans les sociétés capitalistes postmodernes,
comme il a été possible et a pu le percevoir, même
les mouvements sociaux dits radicaux qui,
historiquement, se sont construits à la recherche
de changements structurels et/ou significatifs (par

des révolutions), cherchant si, par exemple, la justice sociale comme dictée par les justices nécessaires et d'abord, ils n'apportent plus en eux une essence anti-statu quo, devenant des mouvements, même s'ils ignorent leur propre collectivité, conservatrice également, lorsqu'ils combattent, par exemple, paradoxalement, par des changements qui ne génèrent pas de changements significatifs dans la structure sociale des démocraties dites libérales (sociétés capitalistes).

Deux aspects essentiels définissent et/ou qualifient les membres et/ou pseudo-citoyens appartenant à cette soi-disant société des riches en argent:

> 1- Le fait qu'ils soient toujours ou presque toujours, par l'usage des crédits bancaires, augmentant leur pouvoir de consommation, mais sans toutefois, dans ces mêmes processus, qu'ils augmentent aussi leurs revenus, devenant ainsi les esclaves salariés du capital, c'est-à-dire

être placé, par l'idéologie capitaliste, dans la condition d'esclaves-prolétaires, travaillant, presque toujours, juste pour payer:

a- Des taux d'imposition élevés pour l'Etat capitaliste et aussi:

b- Taux d'intérêt élevés pour les élites économiques (banques, institutions financières, etc.);

2- Le fait qu'ils voient, dans l'École et dans l'accès au niveau dit supérieur, à travers la soi-disant réussite scolaire et/ou académique, une possibilité, idéologiquement prônée par les capitalistes, d'accéder à une mobilité sociale ascendante, c'est-à-dire de pouvoir réaliser l'ascension sociale à travers ledit haut degré d'études et/ou l'accès à des cours de premier cycle et des cycles supérieurs.

En ce qui concerne le premier aspect, on peut dire que la grande majorité d'entre eux, des soi-disant riches sans argent, dans les sociétés capitalistes post-modernes:

1- Ils achètent des voitures financée;
2- Maisons dans les quartiers dits nobles ou non, également financées;
3- Les vêtements de créateurs et/ou dits tendances et ont une vie, emprisonnés au rythme des politiques de consommation, synthétisés et systématisés par des déplacements constants et/ou addictifs dans les centres commerciaux et/ou les foires réputées pour la consommation, les loisirs.

Concernant le deuxième sujet:

1- Le savoir savant est idéologiquement systématisé comme une sorte de savoir-richesse, de la même manière que:
a- L'absence supposée du même, dans tout individu, groupe social et/ou même nation exclue, est aussi placée, respectivement, par les pouvoirs capitalistes, comme:
b- Un facteur de justification personnelle ou particulière de leurs soi-disant exclusions sociales et/ou états historiques de pauvreté.

A travers l'idéologie de la "Réussite scolaire, liée à l'idée d'ascension sociale", l'éducation commence à être conçue et placée, socialement, comme un produit, et l'école, institutionnalisée comme une école dont la fonction sociale doit être – pas seulement former main-d'œuvre bon marché et qualifiée pour la formation de l'armée de réserve – mais aussi, en socialisant les individus, en leur faisant incorporer, comme les leurs, les valeurs et principes capitalistes, les rendant, même pauvres ou exclus (matériellement parlant), riches en regard aux manières d'être, de sentir et d'agir (riches sans argent).

III

Le fait tragique est qu'après plus d'un siècle d'évaluations par Marx de la supposée fin du capitalisme, aujourd'hui, au milieu de l'ère post-moderne, à l'aube du XXIe siècle, bien que dans un contexte non passif et aliéné manière de la part de l'aile progressiste, l'hégémonie capitaliste se voit à travers l'utilisation de l'idéologie qui a été présente non seulement dans les soi-disant institutions éducatives, mais aussi dans les grands médias et/ou dans ce qu'a appelé Theodor Adorno (1903-1969), Industrie culturelle. Cherchant à approfondir la compréhension du caractère pragmatique de cette idéologie, certains peuvent se demander: Où est ou serait, en plus des établissements d'enseignement, cette idéologie aujourd'hui, puisque, tout au long de l'histoire du capitalisme, elle s'est toujours montrée dynamique complexe?

Selon Althusser, l'idéologie a une existence matérielle (1997: 88-89), c'est-à-dire qu'elle a, à travers l'Appareil idéologique d'État, la fonction et/ou la finalité exacte de reproduire les conditions de production des forces productives et de la rapports de production inégaux existants. Parmi ces Appareils, dans les sociétés capitalistes occidentales contemporaines, seraient donc et/ou sont spécifiés (a), en plus des soi-disant institutions éducatives:

1- La famille;
2- Le système juridique;
3- Les différents partis politiques;
4- Les syndicats;
5- Différents médias;
6- L'industrie culturelle.

C'est-à-dire que, contrairement aux Appareils d'État répressifs, qui fonctionnent à travers la pratique de la violence coercitive, comme l'armée, la police, les tribunaux judiciaires, les prisons, les Appareils idéologiques d'État fonctionnent « par l'idéologie qu'ils contiennent. Si l'on pouvait pourtant hiérarchiser ces Appareils idéologiques d'État, au regard du degré plus élevé d'aliénation qu'ils provoquent chez les exclus sociaux, on concevrait sans l'ombre d'un doute l'école et les grands médias, synthétisés au sens macro, par la soi-disant industrie culturelle, recommandée par Theodor Adorno.

La première, l'école, lorsqu'elle néglige son rôle transformateur; lorsqu'elle est détournée de son rôle de contribution à la formation de citoyens critiques – comme c'est le cas dans ces sociétés capitalistes –; et pour se subordonner aux intérêts capitalistes. La seconde, l'Industrie Culturelle, pour pouvoir former et réformer, chaque fois que les intérêts capitalistes l'exigent, le consensus public selon les prémisses éthiques et/ou évaluatives de sa propre société politique.

Cependant, on peut dire que, bien que l'identification théorique de l'Appareil idéologique d'État, décrite par Althusser, ait été d'une grande valeur pour les classes subordonnées et/ou les groupes d'intellectuels progressistes, étant donné que, par leur compréhension, ils montrent et/ou les mécanismes catastrophiques de légitimation de l'ordre économique capitaliste sont dénoncés, « eux, en revanche (et c'est ce que les capitalistes eux-mêmes savent), ne sont pas si puissants et efficaces pour le capitalisme lui-même, au point, par exemple, de pouvoir lui-même paralysent la dialectique matérielle de l'histoire prônée par Marx. En d'autres termes, il s'agit de:

> Les Appareils idéologiques d'État, pour les capitalistes eux-mêmes, ne sont capables que et seulement de conditionner les êtres sociaux dominés par rapport à leurs conditions existentielles réelles de prolétaires et/ou d'exclus sociaux, mais non de les déterminer, ou c'est-à-dire de les paralysant l'histoire et/ou interrompant l'hégémonie capitaliste. (nos italiques)

Ce fait est tellement vrai que, même avec tout leur Appareil d'État idéologique et/ou même coercitif, dans ces mêmes sociétés capitalistes, de temps en temps, des mouvements sociaux surgissent, même si ceux-ci n'ont pas, au cours des dernières décennies, donné lieu à des changements significatifs. et/ou essentiel dans la structure sociale capitaliste, comme nous l'avons mentionné, à travers l'instauration des révolutions.

Les Appareils idéologiques d'État (et les capitalistes eux-mêmes le savent) ne sont pas capables d'abolir - à eux seuls - l'existence de la lutte de classe réelle, mais seulement d'empêcher l'existence, il faut le souligner, d'une confrontation directe entre antagonistes, affaiblissant, par exemple, les soi-disant mouvements sociaux et/ou les tentatives postmodernes de changement.

Après avoir clarifié ces points clés, plaçons-nous désormais sur le chemin de la proposition interrogative sous laquelle notre travail est essentiellement structuré, donnée par la question suivante:

> Quelles mesures seraient appropriées pour que le capitalisme puisse paralyser le cours dialectique de l'histoire, empêchant ainsi effectivement son absorption naturelle, en tant que société politique, par la société civile, au sens visionnaire de Karl Marx?

A titre de prémisse initiale, on peut dire que ce processus passera de la mise en place et/ou de la systématisation, par cette même société politique capitaliste, d'un nouveau processus de cooptation, visant, à partir d'elle, à minimiser, contrôler et/ ou paralyser spirituellement (à travers des idées et des valeurs) la société civile et, en ce sens, se renforcer en tant que classe et/ou groupe hégémonique. Nous verrons comment ce nouveau processus de cooptation des membres par l'élite capitaliste s'est déroulé de manière plus détaillée, à partir du chapitre suivant. C'est-à-dire que nous verrons comment elle, l'élite capitaliste, allant à l'encontre et/ou allant à l'encontre du processus naturellement dialectique de l'histoire, par l'homogénéisation et/ou la massification de certains de ses principes et valeurs, cherchera également à transformer les esclaves-prolétaires. et/ou socialement exclus chez les "riches sans argent", leur faisant avoir à la fois:

1- Les désirs et aspirations capitalistes égaux, mais sans toutefois:

2- Ils ont également un accès égal aux mêmes moyens de production que les conditions sociales matérielles existantes de la vie.

I. 2 - LE NOUVEAU PROCESSUS DE COOPTION: LA FORMATION DE LA SOCIÉTÉ DES RICHES SANS ARGENT.

Pierre Bordieu, différemment et/ou transcendant les propositions d'Althusser, a qualifié son idéologie de forme réelle de violence d'État, uniquement spécifiquement symbolique, c'est-à-dire donnée à travers le processus culturel et/ou suprastructural. Bordieu déclare par exemple que c'est par la culture que les dominants garantissent le contrôle idéologique, développant une pratique dont le but est de toujours chercher à maintenir la distance et/ou le fossé entre les classes sociales, notamment dans l'après-bourgeois et le prolétariat. Ainsi, il existe des pratiques sociales et culturelles qui distinguent qui est d'une classe et qui est d'une autre, à savoir:

> Les sectes ont des connaissances scientifiques, artistiques et littéraires qui

les opposent aux ignorants. C'est le résultat d'une imposition culturelle (violence symbolique) qui définit ce que signifie avoir la culture.[3]

Le penseur italien Antonio Gramsci (1891-1937), dans cette même perspective, analyse la question de l'idéologie à travers ce qu'il a appelé, comme nous l'avons mentionné, l'hégémonie.

C'est-à-dire: À travers le processus par lequel une classe dominante et/ou un groupe social parvient à faire accepter ses valeurs, ses principes et ses idéaux politiques par les dominés, les démantelant de leurs visions du monde, comme s'ils étaient les leurs, à travers l'école, les livres, musique de théâtre. Pour Gramsci, donc, selon les mots de Tomazi:

> Une classe devient hégémonique quand, en plus du pouvoir coercitif et policier, elle utilise la persuasion, le consensus qui se développe à travers un système d'idées

---

[3] (Dans : TOMAZI, Nelson Dacio. Sociologie. São Paulo : Saraiva. 2010. P. 183)

très bien élaboré par des intellectuels au service du pouvoir, pour convaincre la plupart des gens, même les classes dominées (...). Une culture dominante efficace est créée, qui doit pénétrer le bon sens d'un peuple, afin de démontrer que la manière dont celui qui domine et voit le monde est la seule possible.[4]

Aujourd'hui, à l'aube du XXIe siècle, l'hégémonie capitaliste, qui continue de s'exercer à travers l'idéologie, est également systématisée – en plus de l'Appareil idéologique d'État décrit par Althusser – à travers la soi-disant Industrie culturelle, théorisée par Theodor Adorno (1903- 1969) au sens macro, ils deviennent les mêmes que ceux des capitalistes ou des élites, sans, de la même manière, également une socialisation des moyens de production et des conditions de vie matérielles existantes. Voyons ce que le rapport ONU/PNUD sur le développement humain nous dit, par exemple, sur l'émergence et/ou l'émergence, en ce

---

[4]Dans: TOMAZI, Nelson Dacio. Sociologie. São Paulo : Saraiva. 2010. p.182.

nouveau siècle, d'une sorte de culture mondiale (uniforme et massifiée) capitaliste:

> Les modes de consommation sont, aujourd'hui, mondiaux. Des études de marché ont identifié une élite mondiale, une classe moyenne mondiale qui suit le même style de consommation et préfère les marques mondiales. Les plus impressionnants sont les adolescents du monde entier, qui habitent un espace mondial, avec une seule culture pop mondiale, absorbant les mêmes vidéos et la même musique et fournissant un énorme marché pour les baskets, les t-shirts et les jeans de marque.[5]

En ce sens, il faut dire que la société des riches sans argent peut être comprise comme une sorte de société dans laquelle les prolétaires et/ou les exclus sociaux, grâce à l'accès aux crédits financiers, augmentant à travers eux le pouvoir de consommation sans augmentant correctement

---

[5] (Dans : PNUD. Rapport sur le développement humain. New York: ONU/PNUD. p. 87)

leurs revenus, ils deviennent des esclaves prolétariens postmodernes, des esclaves salariés du capital et/ou des groupes sociaux dominés par des élites capitalistes qui vivent dans une sorte de société imaginaire et/ou artificielle dont les seules valeurs – et non les conditions matérielles d'existence – ils sont identiques à ceux des capitalistes et/ou des bourgeois.

C'est-à-dire que même s'ils sont socialement exclus, ils existent en tant qu'individus sociaux sans conflits de classes et/ou inégalités sociales apparentes, mais uniquement personnels: ils existent en tant qu'êtres dont les inégalités sociales doivent toujours être justifiées comme causées, au sens microscopique, par des moyens méritocratiques et individualistes. C'est-à-dire en conséquence:

1- De la paresse,

2- De ladite bêtise et/ou manque d'intelligence,

3- De la prétendue malchance et/ou malchance,

4- De la prétendue malédiction laïque subie par certaines personnes;

5- Du péché.

L'élite capitaliste, bien que certains ne le sachent pas, en tant que classe qui domine la vie politique, économique et culturelle, comprend que le problème par rapport à la prétendue fin de l'État capitaliste – en tant que société politique – ne réside pas seulement dans l'immense quantité d'exclus qu'elle crée elle-même, mais aussi et essentiellement dans sa propre essence désagrégeante de membres qui la fait, en tant que classe capitaliste, en venir toujours, tout au long de sa propre histoire, à dissembler, par son processus interne de compétition, plus de membres qui s'assimilent proprement, contribuant ainsi à sa propre absorption, en tant que société politique, par la société civile.

Ainsi, la "société politique" capitaliste, à travers l'homogénéisation de ses principes et valeurs, les rendant massifiées, en faisant des contenus éthiques de toute la société, y compris et idéologiquement aussi des soi-disant prolétaires et/ou exclus sociaux, ainsi formant , la soi-disant Société des riches si argent cherche à paralyser le soi-disant cours naturel de l'histoire par Marx, cherchant à empêcher sa supposée fin en tant que classe hégémonique et/ou groupe social.

Gramsci, dans ses écrits de prison, théorisant sur l'essence désagrégée des membres de la bourgeoisie et/ou du capitalisme, écrivait: La bourgeoisie est saturée; non seulement il n'assimile pas de nouveaux éléments, mais il désassimile une partie de lui-même.[6] En ce sens, il faut aussi ici se demander: Si la société politique capitaliste – malgré toute son idéologie – continue, du fait de son essence désagrégeante de membres, à diminuer en tant que classe, quelles mesures réactionnaires lui seraient alors

---

[6] (dans : Saviani, 1976. École et démocratie. P.147)

appropriées pour pour empêcher sa fin supposée, comme Marx le préconisait? Autrement dit, quelles mesures lui seraient applicables pour empêcher le cours naturel de la dialectique de l'histoire prônée par Marx, qui, dans ce cours, donnerait lieu à sa fin?

En d'autres termes, quelles mesures seraient applicables à la société politique capitaliste pour éviter sa dégénérescence en tant que classe hégémonique, puisqu'elle, en tant que classe et/ou groupe social hégémonique, a deux grands et réels problèmes, comme mentionné, mais qui sont également valide ici réitérer:

1- L'idéologie, à travers son appareil idéologique d'État, malgré le conditionnement de l'histoire, n'a pas le pouvoir de la paralyser, d'entraver son cours naturel, mais seulement de la conditionner;

2- Elle, la société politique capitaliste - en tant que classe et/ou groupe social - a un caractère désagrégeant de membres, ce qui lui fait toujours perdre plus de membres qu'il n'en assimile proprement, étant donné que ce sur quoi elle se fonde sont, entre autres, ses processus internes de la concurrence systématique et/ou la recherche d'accumulation et de concentration du capital de plus en plus entre les mains de quelques-uns.

On pourrait dire, a priori, comme le défend Gramsci, que la société politique capitaliste cherchera à coopter des membres, parmi les dirigeants prolétariens, afin de les affaiblir dans leurs idées et idéaux de justice sociale, paralysant ainsi la dialectique de histoire prônée par Marx. Cependant, dans les sociétés capitalistes post-modernes du 20e siècle. XXI ce processus, que Gramsci appelait auparavant transformisme, et qui concerne ici la création et/ou la systématisation de la société des riches sans argent, est, postule-t-on, essentiellement un autre. C'est-à-dire conceptualiser:

> Le nouveau processus de cooptation postmoderne consiste à attirer des membres qui n'ont pas et n'auront même pas une condition d'existence capitaliste matérielle, cessant d'être, en étant cooptés, par exemple, matériellement pauvres et/ou prolétaires, mais transformant eux seuls, à travers l'idéologie, comme déjà mentionné, en une sorte de riche sans le sou. C'est-à-dire dans une classe et/ou un groupe social de prolétaires qui partagent les mêmes valeurs capitalistes et/ou bourgeoises, mais continuent à être, de la même manière, matériellement exclus de la société. (nos italiques)

Ce nouveau processus de cooptation et/ou de transformisme utilisé par les capitalistes post-modernes consiste à coopter des membres du prolétariat qui n'ont pas et n'auront pas de condition matérielle d'existence bourgeoise – car cela serait contradictoire par rapport à la l'essence capitaliste elle-même, qui prône, à son tour, l'accumulation du capital, de plus en plus, comme objectif d'un jeu, entre les mains de quelques-uns – mais des individus qui, même exclus, sont capables de:

1- Spirituellement (valeurs et principes) pour penser comme des capitalistes,
2- Spirituellement (les valeurs et les principes) existent à partir d'une logique d'aspirations capitalistes et/ou bourgeoises, étant cependant matériellement exclus de la société.

C'est-à-dire des individus prolétariens qui ont avec eux des valeurs et des principes liés aux idéaux capitalistes, mais pas exactement une condition économique matérielle et/ou bourgeoise, puisque de tels idéaux et valeurs bourgeois, seuls, comme nous le savons, ne sont pas capables de déterminer la acquisition de la matérialité bourgeoise, donc, selon Karl Marx lui-même: La position des hommes dans une société subdivisée en classes ou groupes antagonistes n'est pas définie par ce que ces hommes pensent de la société, mais par leurs positions réelles par rapport aux processus de production existants.[7]

Ainsi, l'individu coopté par le capitalisme, issu de ce nouveau processus de cooptation et/ou de transformisme, commence à porter en lui:

1- idées,
2- Valeurs,
3- Des principes,
4- Façons d'être,
5- Façons de ressentir
6- Manières d'agir,
7- Modes de pensée, synthétisés dans les aspirations bourgeoises et/ou capitalistes, mais, d'autre part, en tant qu' être social paradoxal:

    a- Il vit dans une condition de vie prolétarienne;

    b- Socialement exclu,

    c- De Riche sans argent.

---

[7] (Dans : COTRIM, Gilberto. Fondements de la philosophie. Attique: São Paulo. 1989. P. 193)

La plupart du temps, ces riches sans le sou sont appelés par d'autres exclus sociaux, qui sont en position d'exclusion inférieure à eux:

1- De Pauvre foiré jusqu'à la bête;
2- D'une nouvelle classe moyenne et/ou autre :
3- Des classes C et D, en raison de l'augmentation du pouvoir de consommation, grâce à l'accès à divers types de crédit bancaire, sans toutefois parvenir à une augmentation significative de leurs revenus respectifs.

Ces riches sans argent, en ce sens, se caractérisent comme une unité sociale aliénée des contraires et, précisément à cause de cela, ils sont et/ou deviennent aussi inertes:

1- D'un point de vue révolutionnaire;
2- Du point de vue de la recherche de changements sociaux structurels et/ou essentiels dans les sociétés du capital où ils sont répartis en groupes sociaux assujettis (exclus sociaux).

C'est-à-dire, structurellement, les riches sans argent:

1- sont pauvres,
2- prolétaires,

3- exclus sociaux,
4- Propriétaires uniquement de leur main-d'œuvre.

Cependant, superstructurellement et/ou spirituellement (en termes de valeurs et de principe:

5- Ils sont capitalistes et/ou bourgeois;
6- Ils partagent les mêmes aspirations, rêves de consommation, valeurs et principes, placés sous des formes différentes, que ceux des élites dites économiques.

La contradiction est donc ce qui caractérise l'état aliéné et/ou coopté desriches sans le sou. Réfléchissez-y: si lui, ce riche sans le sou, est spirituellement bourgeois et/ou capitaliste, il ne peut pas se reconnaître socialement exclu et/ou prolétaire et, de cette manière, affaiblit le prolétariat lui-même. Ce nouveau processus de cooptation, cependant, n'a été possible que parce qu'il y a eu un processus d' inversion, par les capitalistes, du soi-disant Concept de société civile marxiste, comme nous le verrons plus loin.

I. 3 - L'INVERSION (PAR LES CAPITALISTES) DU CONCEPT MARXISTE DE SOCIETE CIVILE.

Pour Marx, la société civile[8] comprend l'ensemble des relations structurelles entre les hommes; l'ensemble de la vie commerciale et industrielle d'un certain degré de développement et, par conséquent, transcende l'État et la Nation.

Ce nouveau mécanisme de cooptation, évoqué au chapitre précédent, sans doute issu de la troisième révolution industrielle, même sans quitter le pouvoir en tant que classe, peut être compris comme l'une des principales réactions capitalistes, au sens d'une hégémonie réactionnaire contre la théorie. Marxiste; au sens d'une pratique idéologique politique contre la prétendue fin du capitalisme, et se caractérise ainsi par ce que l'on

---

[8] (Dans : BOBBIO, Norberto. Le concept de société civile. 1995. P. 31)

peut aussi appeler une inversion de la conception du concept de société civile marxist, où, par là, elle prônait si et/ou il a été prophétisé que la société politique et/ou l'État capitaliste seraient incorporés par elle, par la société civile, en tant que société des exclus sociaux, donnant naissance à une société, par Marx, dite parfaite, c'est-à-dire absent des injustices sociales.

L'inversion de ce concept de société civile marxiste, au contraire, peut-on affirmer, dans les sociétés capitalistes post-modernes, se donne à travers l'absorption (nouvelle cooptation des membres, comme déjà décrite) de société civile, à l'inverse sens au marxiste, par la "société politique" et/ou par "l'Etat capitaliste".

En d'autres termes, c'est l'établissement de valeurs, de principes et d'idées capitalistes comme corollaire et/ou contenu éthique de toute société, paralysant ainsi la dialectique naturelle de l'histoire. Selon les termes de BOBBIO, N.,

47

conceptualisant, l'inversion du concept de société civile marxiste est:

L'hégémonie politique et culturelle d'un groupe social sur la société dans son ensemble, en tant que contenu éthique de l'État. (Dans: Le concept de société civile, 1995.)

Cela veut dire que la société politique capitaliste, dans l'ère post-moderne actuelle, confie à ses Appareils idéologiques d'État la fonction, maintenant, non seulement de conditionner, comme auparavant, le processus dialectique dit naturel de l'histoire, mais aussi comme déterminants de structures sociales inégales à travers le contrôle des superstructures (normes et valeurs collectives du capitalisme), rendant ainsi l'histoire mécanique, c'est-à-dire faisant que leurs sociétés changent toujours, à travers un processus d'obsolescence programmée, à travers des processus d'innovation constants, sans pour autant changer pour l'essentiel en réalité, visant ainsi à emprisonner la société dans le monde de la consommation.

Les contrôles des superstructures sociales, par les capitalistes, caractérisent les possibilités d'imposer des sens et des significations à la réalité, comme, par exemple, celles de la défense du droit de propriété privée, qu'elle soit matérielle et/ou immatérielle, donc, avec laquelle les exclus sociaux, tandis que les prolétaires, aliénés d'eux, partagent aussi, comme si c'étaient aussi leurs propres vraies valeurs de classe.

I.4 - LA FONCTION SOCIALE DE L'ECOLE – SELON LES CAPITALISTES.

Le contenu éthique de l'État capitaliste, en tant qu'hégémonie idéologique capitaliste, constitue ainsi une sorte de livret de paradigmes, en tant que valeurs, dans le but de légitimer son statu quo. On peut dire que l'un de ces paradigmes principaux se situe précisément dans la sphère éducative, dans la redéfinition du caractère ou de la fonction sociale de l'école.

Comme on le sait, les États capitalistes, à travers leurs « experts de la connaissance pratique » (dits intellectuels), ont essayé de dire, comme la propagation et la massification de leurs idées et de leurs valeurs, que nous vivons à l'ère de la connaissance et , aussi, que cette connaissance elle-même (dite connaissance savante) est l'or de la société globale. Et plus encore: on a dit aussi que ce qui différencie socialement les hommes, au regard des inégalités sociales, ce ne sont plus ces prérogatives liées aux prétendues inégalités génétiques, mais maintenant celles liées au manque de savoir, c'est-à-dire: le manque d'acquisition de cette nouvelle type de or (connaissance érudite).

Si l'on se demandait ce que serait alors précisément ce savoir conçu comme l'or des sociétés postmodernes, la réponse serait, de la part des capitalistes, que ce serait ce savoir qui pourrait être vendu comme marchandise (technique et savoir pragmatique), c'est-à-dire un type de savoir qui, grâce au pouvoir d'achat des citoyens-consommateurs, pourrait être librement consommé, en plus de l'école, également à travers l'industrie culturelle. Idéologiquement, les capitalistes diraient que (pour la survie et la supposée ascension sociale de cet individu aliéné, coopté par le capitalisme, dans la qualité postmoderne du riche sans argent, esclave des intérêts bancaires par l'accès au crédit, sans augmenter la la possession, comme l'or, de ce type particulier de savoir serait alors nécessaire.

Une grande partie des exclus cooptés qui, même se considérant non pauvres, comme "riches sans argent", sont incapables de se payer ce savoir, de l'acheter sur le marché de la culture, s'ils demandent, par exemple, le capitalistes sur l'endroit où ils pourraient acquérir cette connaissance, dans un sens sarcastique, ils recevraient la réponse: à l'école et/ou à l'université, bien sûr, en passant par tous leurs niveaux.

I.5 - LA RHÉTORIQUE DU MANQUE SUPPOSÉ DE RICHESSE-CONNAISSANCES.

Après la Seconde Guerre mondiale, compte tenu de l'hégémonie des alliés dans les principales sociétés occidentales, un paradoxe subsistait, en tant que problème structurel, dans les sociétés capitalistes sous-développées: même après avoir rejoint le système capitaliste, et après des décennies sous ce régime, ils restaient pauvres et misérables, ce qui a fait que le capitalisme est également remis en cause dans le monde entier.

Les capitalistes ne pouvaient pas justifier l'énorme exclusion sociale présente dans ces sociétés sur la base des préceptes génétiques de la supériorité supposée d'une race ou d'une ethnie sur les autres, comme ils le faisaient autrefois, même parce que ces principes avaient été défendus, peu de temps auparavant, par nul autre que Adolf Hitler.

La fonction sociale de l'école, dans ces sociétés, dans cette conjoncture, en tant qu'appareil d'État idéologique, est alors devenue celle de garantir, par la diffusion de ce savoir savant aux exclus sociaux, la mobilité et/ou ascension sociale. C'est-à-dire que la scolarisation a commencé à se traduire par l'idée que:

> "Ceux qui restent à l'école plus longtemps, réussissant leurs études, acquièrent également plus de connaissances en or et/ou richesse et, en ce sens, le plus riche peut devenir, cessant bientôt d'être un paria social."

Cette rhétorique idéologique capitaliste est devenue l'un des principaux mécanismes, non seulement pour coopter les prolétaires, les rendre riches, riches sans argent, mais aussi le principal facteur de différenciation entre eux et les êtres réels appartenant aux élites capitalistes.

I. 6 - DIFFÉRENCES ENTRE LES RICHES SANS ARGENT ET L'ÉLITE CAPITALISTE.

La grande différence entre les riches sans le sou et les capitalistes se résume aux facteurs suivants:

1- Au Moyen Âge, l'idée de la richesse-terre, des nobles, a été remplacée par l'idée de la richesse-argent, des bourgeois et/ou des capitalistes et, de cette façon, le capitalisme a vaincu le système féodal à travers le accumulation et concentration du capital entre les mains de quelques-uns;

2- A l'ère post-moderne, les capitalistes ont systématisé leur hégémonie à travers ce nouveau moyen de coopter les pauvres et/ou les exclus sociaux, c'est-à-dire transformer les exclus sociaux ou les prolétaires en riches sans argent, dans la mesure où, au lieu de redistribuer la richesse sociale, biens d'équipement et/ou socialisant les moyens de production de la richesse sociale existante, qui sont les véritables sources de richesse, les propriétaires du capital ont créé pour les exclus l'idée de « richesse du savoir », transformant ainsi leurs propres cultures non seulement en mécanismes justifiant l'exclusion sociale, mais aussi dans les biens et, en ce sens, aussi dans les nouvelles sources de profit, à travers la création et la systématisation de l'industrie culturelle.

Cependant, sur le plan hégémonique, il existe des paradoxes: dans les écoles et/ou les institutions éducatives présentes dans les sociétés capitalistes occidentales, à travers l'idéologie présente dans leurs programmes, les exclus sociaux n'ont pas accès aux mêmes connaissances que seules les élites partagent, comme par exemple:

1- Ceux qui se réfèrent à la connaissance complexe de la finance;
2- Celles se référant à la création d'entreprises et/ou à la gestion d'entreprise;
3- Celles faisant référence à l'entrepreneuriat et/ou à la création de richesse et de prospérité;

4- Ceux qui se réfèrent à la compréhension des normes juridiques.

Ces contradictions nous font comprendre que cette idée de soi-disant richesse du savoir instituée par les capitalistes se traduit, dans une certaine mesure, comme l'une des plus grandes formes idéologiques de domination présente à l'ère post-moderne.

La valeur du savoir n'est pas remise en cause ici, mais précisément le type spécifique de savoir que les capitalistes (à travers l'industrie culturelle et les soi-disant institutions éducatives) disent aux exclus sociaux d'avoir effectivement cette valeur de savoir-richesse. On pense, comme Francis Bacon l'a déjà préconisé, que la connaissance, en fait, est le pouvoir. Il convient cependant de s'interroger sur Quel type de savoir est-il réellement générateur et/ou apporte-t-il, en lui-même, ce pouvoir? Ce n'est certainement pas le même que celui qui est diffusé dans les écoles et, encore moins, celui qui est vendu, en conserve, par l'industrie culturelle. On pense que:

> *La richesse, en tant que savoir, or et/ou richesse du savoir, ne consiste pas seulement à apprendre des pensées et/ou à acquérir des informations dites de qualité, mais essentiellement à pouvoir apprendre à apprendre et/ou apprendre à penser. (c'est moi qui souligne)*

Dans l'unité suivante, discutant de manière critique du mythe de la réussite scolaire, nous chercherons à approfondir les relations idéologiques possibles entre:

1- Les établissements d'enseignement;

2- Capitalisme;

3- Et la formation de la société des riches sans argent.

UNITÉ II

LE MYTHE DE LA RÉUSSITE SCOLAIRE: LES PROCESSUS DE FORMATION DE LA SOCIÉTÉ DES RICHES SANS ARGENT

II. 1 - LE MYTHE DE LA RÉUSSITE SCOLAIRE.

Les processus idéologiques de construction de masse et de systématisation de l'idée de richesse-savoir, sans aucun doute, peuvent être compris comme le grand caractère hégémonique de l'école, en ce qui concerne l'inversion ou la confusion sur sa fonction sociale, dans la mesure où:

1- Au sens micro, à travers eux, l'exclusion sociale des citoyens est justifiée; et,

2- Dans le contexte macro, l'état de sous-développement et/ou de pauvreté de tout pays et/ou nation est également justifié, y compris les capitalistes eux-mêmes, comme ceux d'Amérique latine.

Ce discours idéologique commence à se diffuser après la Seconde Guerre mondiale, période au cours de laquelle a commencé la vieille dite guerre froide, dans laquelle, d'une part, les États-Unis étaient le leader du bloc des pays capitalistes et, d'autre part, l'autre, à la tête de celle des socialistes, l' Union des Républiques socialistes soviétiques (URSS) aujourd'hui disparue et anciennement connue.

La guerre froide s'est configurée comme une sorte de bataille menée sur le strict plan politico-idéologico-culturel, guidée par des politiques extérieures structurées sous l'égide d'idées de marketing politique, où chaque bloc cherchait à solidifier son système non plus par la puissance militaire, mais par artifices stratégiques. Dans les mots de Mercadante:

> L'expression Guerre froide, utilisée pour la première fois par Churchill, était la conséquence immédiate de la Seconde Guerre mondiale et représente le conflit idéologique entre les deux superpuissances qui ont commencé à diviser et à dominer le monde après 1945: les États-Unis, à la tête du Bloc des pays capitalistes. , et l'Union

soviétique, à la tête du bloc des pays socialistes. (MERCADANTE, Antonio Alfredo. L'histoire c'est la vie – Sociétés modernes et contemporaines. Porto Alegre: Mercado Aberto. 1989. P. 186)

D'une part, en ce qui concerne les pays socialistes, la critique reposait sur le prétendu manque de liberté; de l'autre, du côté des sociétés capitalistes, des critiques sur le caractère pervers des immenses inégalités sociales existant dans nombre de leurs propres pays.

En analysant ce dernier, étant donné qu'il est pour l'instant le cœur de notre problème, la question suivante est mise en évidence: Comment le capitalisme a-t-il pu affirmer sa supériorité supposée sur le socialisme si son système politique?, en particulier l'Amérique latine, leur promettant prospérité économique (développement) si, malgré tout, après des décennies sous ce modèle de société capitaliste, rien de significatif ne devait se produire. , même à un rythme effréné?

Cette question, reprise par une gauche qui, petit à petit, commençait à se renforcer, a agité les structures du capitalisme présentes dans ces sociétés, ouvrant l'espace pour le développement du socialisme à travers la formation de groupes révolutionnaires, comme ceux dirigés par Fidel Castro, Che Guevara et d'autres, et qui a abouti à l'indépendance de Cuba, la rendant socialiste.

La question n'est pourtant pas restée longtemps sans réponse, même parce que, pour les capitalistes, menés par les USA, il fallait donner une réponse, que ce soit vrai ou non.

En ce sens, une tentative a été faite pour fournir un remède au remède, sans se soucier de ce qui était, en fait, la racine de la prétendue maladie des pays capitalistes pauvres qui, bien qu'étant capitalistes, continuaient à être pauvres. La réponse, pour justifier l'enquête, vient évidemment des puissances capitalistes européennes et nord-américaines elles-mêmes, mais centralisées par la politique étrangère de ces dernières, initiée par le gouvernement Kennedy, car il fallait, à tout prix, occulter la taille capitaliste contradiction. L'explication et/ou la justification trouvées, alors, était que les pays d'Amérique latine étaient pauvres non pas à cause de leurs systèmes politico-économiques capitalistes respectifs, mais, surtout, à cause du manque d'investissements dans la technologie et l'éducation. Selon les capitalistes, il faudrait alors, en plus de ces pays continuer à être capitalistes, aussi qu'ils investissent dans l'éducation pour que:

1- Au sens microscopique, grâce à la réussite scolaire, les citoyens pourraient surmonter individuellement leurs conditions d'exclusion sociale; et,

2- Au sens macro, pour que ces pays, à travers des investissements dans la recherche et/ou dans le développement techno-scientifique, puissent augmenter leur richesse en augmentant leur PIB.

Pour reprendre les mots de Mercadante, se référant à la politique étrangère américaine et aussi à son idéologie dirigée vers les pays d'Amérique latine, visant à les consolider sous les bases du capitalisme:

> En ce qui concerne l'Amérique latine, l' Alliance pour le progrès à la Conférence de Punta Del Este a été lancée en 1961, avec l'objectif de fournir une assistance économique et technique pour surmonter le sous-développement latino-américain et de servir comme l'un des éléments de renforcement de l'Amérique du Nord. intérêts au sein du continent. (MERCADANTE, Antonio Alfredo. L'histoire c'est la vie – Sociétés modernes et contemporaines. Porto Alegre: Mercado Aberto. 1989. P. 191)

Pendant environ trois ou quatre décennies après la fin de la Seconde Guerre mondiale, l'Amérique latine a reçu des investissements, provenant de prêts internationaux, pour le financement de l'éducation, visant ainsi à favoriser le développement technologique des pays capitalistes pauvres présents sur ce continent. *Education et développement* sont alors devenus les grands slogans des pays capitalistes sous-développés d'Amérique latine. Sur la base de cette stratégie de politique étrangère, alliée à d'autres, les puissances capitalistes ont non seulement réussi à dissiper le prétendu fantôme du socialisme qui hantait l'Amérique du Sud, mais, surtout, elles ont également réussi à solidifier le capitalisme dans leurs pays, dans la mesure où, en en ce qui concerne les relations économiques, ils ont commencé à intensifier l'achat à bas prix de matières premières auprès d'eux et, en retour, à leur vendre aussi leurs produits industrialisés pour, en moyenne, dix fois plus cher, les endettés et, en même temps, donner ils leur donnent l'illusion qu'ainsi, en achetant de la haute technologie, ils réaliseraient aussi le développement et/ou la prospérité économique. Ce processus caractérise la première grande idée de l'industrie culturelle, car les pays capitalistes pauvres d'Amérique latine ont été les premiers à acheter des produits sous forme de connaissances en conserve et/ou de machines dites intelligentes, censées suivre la direction de développement, tombant cependant dans l'abîme de la dépendance économique. En d'autres termes, l'Amérique latine, à cette époque, croyait que la richesse et la prospérité économique étaient quelque chose qui était acheté, pas créé.

Dans le cas du Brésil, par exemple, les écoles et/ou les établissements d'enseignement ont commencé à être liés à ce que Gaudêncio Frigotto, intellectuel de renom, professeur à l'UFF, à la fin du siècle. XX l'a définie de manière critique comme étant la même – en tant qu'idéologie créée par le capitalisme – que la Théorie du capital humain. Selon elle, l'acquisition de richesse et/ou de prospérité est idéologiquement liée et/ou associée à l'idée qu'investir dans l'éducation reviendrait à investir dans n'importe quel autre bien. En ce sens, éducation et développement en est venu à désigner Réussite scolaire et ascension sociale, comme une sorte de binôme pour parvenir au développement économique des pays capitalistes pauvres, et aussi comme facteur, au sens microscopique, d'ascension sociale. Cependant, il faut souligner:

1- Au sens macro/social, même aujourd'hui les pays d'Amérique latine sont encore pauvres et/ou sous-développés même après avoir obéi aux abécédaires des capitalistes;

2- Au sens micro/individuel, comme l'a souligné Gaudêncio lui-même de manière critique, tout cela n'était qu'une farce, où l'apartheid économique et social était masqué, à travers des discriminations de genre, d'ethnicité et de groupe social, qui se produisaient et se reproduisaient sur le marché du travail dans ces mêmes sociétés, faisant subsister en elles des inégalités sociales, à travers les inégalités salariales, c'est-à-dire alors même que les exclus avaient acquis leurs diplômes et/ou ce qu'on appelle les niveaux d'éducation.

II. 2 – SIMULACROS CAPITALISTES.

A partir des années 1990, le bloc des pays socialistes, sous la bannière des républiques socialistes soviétiques, a été dissous et, d'une certaine manière, sur le plan politique, il a posé deux problèmes majeurs:

1- L'idée que le socialisme était inaccessible dans la pratique; et, d'autre part, cela a également fini par cimenter l'idée que:

2- Le capitalisme était l'idéal correct de la société.

Cependant, même avec cet enthousiasme pour le capitalisme, certains problèmes cruciaux à son sujet ont persisté et restent encore, par les pays capitalistes pauvres, incapables d'être digérés. Par exemple, bien que non directement abordé par Gaudêncio, le binôme idéologique réussite scolaire et ascension sociale nous montre une face encore plus perverse du capitalisme: la destruction de l'identité culturelle des individus qui, par la recherche de la réussite scolaire et à partir de l'ascension sociale, le long de ce chemin, ils sont cooptés, incorporant en eux ses valeurs, se transformant en ce que nous appelons ici conventionnellement la société des riches sans argent.

C'est-à-dire se transformer en individus qui portent sur eux des valeurs bourgeoises et/ou capitalistes, mais, néanmoins, paradoxalement, aussi la condition matérielle des prolétaires et/ou socialement exclus.

Beaucoup, encore dans l'illusion et/ou dans le doute quant à l'idée que l'atteinte de la réussite scolaire (obtention des diplômes), ait en fait un rapport avec la possibilité de générer une mobilité sociale ascendante ou une ascension sociale, se demandent si, en fait, c'est possible, c'est-à-dire si, par l'atteinte de la réussite scolaire, tout exclu social peut, en effet, venir s'insérer dans la soi-disant élite économique.

Les capitalistes – comme il ne pouvait en être autrement –, comme tout au long de l'histoire, continuent à dire oui, c'est-à-dire qu'ils continuent idéologiquement à affirmer que, dans leurs sociétés, l'ascension sociale est en fait possible à travers la réalisation de la réussite scolaire, dans la mesure où que l'individu qui entre à l'école recherchera toujours, en fonction de la réussite qui y est obtenue, de nouvelles études.

Et ils en disent plus: que la réussite scolaire et l'ascension sociale est une question qui se résume à l'intelligence et/ou à l'effort personnel. Ils prétendent également que le capitalisme est un système politico-économique complètement dynamique. En d'autres termes, celui qui est bourgeois peut ne plus être bourgeois, et celui qui est prolétaire peut un jour devenir bourgeois.

De nouvelles recherches comme celles de Gaudêncio ne sont pas nécessaires pour prouver, au sens macro-social, la farce de cette rhétorique capitaliste.

La relation entre l'éducation scolaire et la formation d'une main-d'œuvre bon marché, composant et/ou formant la soi-disant armée de réserve dont le but est de répondre à l'exigence des entreprises capitalistes, telle que décrite par Karl Marx et Pierre Bordieu, lorsque ce dernier parle pour nous sur les différentes formes de pouvoir (culturel, institutionnel et économique) présentes dans les sociétés post-modernes, elles sont visibles.

Pour Bordieu, à quelques exceptions près, seule l'élite économique, propriétaire des moyens de production existant dans une société donnée, peut aussi concentrer en elle-même les deux autres formes de pouvoir: le culturel et l'institutionnel. Ces deux autres formes de pouvoir (culturel et

72

institutionnel), en revanche, ne conduiraient évidemment pas nécessairement leurs détenteurs à atteindre une condition supposée d'inclusion économique et/ou, à travers eux, à s'insérer dans l'élite économique capitaliste.

C'est-à-dire qu'ils ne peuvent garantir que, par la possession (du pouvoir culturel et institutionnel), l'exercice d'un poste et/ou l'acquisition d'un diplôme universitaire, on puisse aussi rejoindre l'élite économique, faisant ainsi, en une seule génération, de grands capitalistes et/ou ou propriétaires des grands moyens de production.

La rhétorique méritocratique capitaliste, étant une stratégie idéologique de masse, est encore présentée aujourd'hui comme l'une des principales méthodes de cooptation prolétarienne. Autrement dit, systématisé comme l'un des premiers moyens de transformer les exclus sociaux, comme déjà évoqué, en masse de manœuvre, c'est-à-dire en riches sans argent.

De la même manière, s'orientant vers une analyse marxiste, cherchant à compléter et/ou consolider les propositions de Bordieu, on peut dire que, selon Marx, l'individu, le groupe social ou la classe qui domine la vie matérielle (en l'occurrence, le capitalisme), domine également la vie politique et culturelle et, en ce sens, est également capable de transformer ses valeurs particulières en contenu éthique de l'État. Dans cette perspective, cherchant à répondre également à la même question sur les prémisses idéologiques entre Réussite scolaire et ascension sociale défendues par les capitalistes, on peut dire que, s'agissant strictement de l'acquisition de la culture et des valeurs capitalistes, l'insertion de l'individu serait en effet possible, puisque le capitalisme lui-même survit et se renforce à travers ce processus de cooptation spirituelle, à l'instar de la religion, comme une sorte d'incorporation de ses valeurs et principes. Cependant, il faut aussi dire que:

> La prétendue ascension sociale ainsi réalisée équivaudrait à la négation de l'identité et/ou de la culture du prolétariat lui-même, ce qui le dépouillerait de son essence révolutionnaire sans pour autant le soustraire à sa condition d'exclu Sociale.

En revanche, dans une perspective structurelle, d'inclusion sociale pour la vie de la socialisation des moyens de production et/ou la réalisation de l'égalité économique, l'ascension sociale serait très difficile, encore moins par l'école et/ou la so - appelées institutions, activités éducatives. Et ceci pour une raison cruciale pour Gramsci, complétant les idées de Marx: *La nature structurelle du capitalisme ne consiste pas à agréger, mais à désagréger les membres, ce qui est pourtant le contraire en ce qui concerne la superstructure.* Dans les propres mots de Gramsci, se référant à la structure paradoxale du capitalisme, il nous donne, en réponse à la question soulevée ci-dessus, également une autre question, nous conduisant à comprendre pourquoi la nécessité, en tant que mécanisme idéologique de cooptation, de diffuser les idées de l'ascension sociale comme venant de l'atteinte, par les exclus sociaux, de la réussite scolaire. Gramsci demanComment se fait-il qu'une classe qui cherche son hégémonie puisse désintégrer plus de membres qu'il n'en assimile?[9]

Dans cette perspective, le postulat de la réussite scolaire posé comme le véritable moteur de l'ascension sociale, c'est-à-dire de l'ascension sociale, se présente non seulement comme une farce, mais aussi comme un mythe à caractère strictement idéologique, comme elle cherche à insérer les prolétaires, par ce processus, superstructurellement dans une autre classe sociale, en leur faisant nier leurs propres cultures, que l'école place comme quantitativement et qualitativement inférieures à la culture dite érudite, celle des élites, partagée par les capitalistes.

---

[9] (SAVIANI. Ecole et Démocratie. 1976. P. 147)

II.3 – ÉCOLE: L'INSTITUTION CAPITALISTE LÉGITIME FABRIQUANT DES MONSTRES SOCIAUX.

L'école, dans les sociétés capitalistes postmodernes occidentales, est l'institution légitime qui produit des monstres sociaux, car elle commence à formater et/ou à produire, comme dans une chaîne de montage d'usine, des gens frustrés, méritocratiques et individualistes, en plus des consuméristes, des hédonistes et des narcissiques. qui, précisément parce qu'ils nourrissent ces valeurs et principes dans leurs esprits, se lancent dans la recherche aliénée, à tout prix, de l'ascension sociale, parce qu'elle est placée, par la société capitaliste dans laquelle ils se trouvent, comme leur grand idéal d'atteindre le bonheur.

Un monstre social est donc l'individu qui, esclave idéologique du binôme Réussite scolaire et ascension sociale, a permis à l'école et/ou à toute institution dite éducative de faire de lui un marginalisé culturel (de lui-même) et/ou contrevenant à sa propre histoire et/ou identité culturelle, dans la mesure où, aliéné, il a misé tous les jetons de sa vie sur elle, dans cette école, ou plutôt, sur l'acquisition de connaissances érudites, cessant d'être tout à fait ce qu'il était, devenant le même, à parité, au sens de la formation technique et/ou manufacturière qu'il avait reçue.

S'élever socialement par cette soi-disant réussite scolaire, bien qu'elle soit méconnue et constamment recherchée, est difficile, voire impossible, comme il le serait, dans les sociétés capitalistes post-modernes, d'aller à l'encontre de la structure excluante du capitalisme lui-même.

D'une autre manière, après avoir soi-disant obtenu ladite réussite dans cette école, essayer de revenir à la condition d'avant, à la vie d'un soi-disant homme de culture populaire, d'un homme prolétaire, même si l'on essaie de se mêler à ceux qui appartenaient à son ancien groupe, cela ne sera pas possible, précisément parce qu'à l'obtention du diplôme, il a incorporé non seulement de nouveaux principes et valeurs, mais essentiellement aussi des contenus éthiques capitalistes anti-solidaires et/ou antifraternels qui ne font pas partie de la culture populaire.

Le monstre formé par l'école capitaliste est quelqu'un qui, pour survivre, même parce qu'il ne vit plus, a forcément besoin d'une logique de vie et de buts artificiels. Il faut vivre une vie illusoire ou surréaliste pour essayer de croire au fait que l'on est encore quelqu'un; et qu'il a une histoire.

II. 4 - LA VIE SOCIALE DES MONSTRES FORMÉS PAR L'ÉCOLE.

La trajectoire des monstres sociaux formés par l'école est presque toujours racontée comme liée à l'individu qui se dit et/ou est considéré, par certains, comme celui qui a gagné dans la vie en étant, par exemple, stigmatisé comme intelligent et/ ou alors de "CDF" pendant les périodes scolaires, étant ensuite allés à l'université, diplômés et trouvé un travail indépendant, acheté, à partir de là, une voiture et/ou un appartement financé, et abandonné non seulement leur culture, mais aussi le quartier pauvre ou univers, des soi-disant exclus, où il est né.

II.5 – LES MONSTRES PRODUITS PAR L'ECOLE: LES SPECIALISTES DES SAVOIRS PRATIQUES – AXIOMES DE JEAN-PAUL SARTRE.

Les monstres produits par les écoles et/ou les institutions dites éducatives présentes dans les sociétés capitalistes occidentales postmodernes sont les intellectuels contemporains, approchés par Sartre dans les années 70, et qui, selon lui, contrairement aux intellectuels de l'ère (moderne) précédente, qui sont nés des élites économiques, dans la grande majorité, au contraire, proviennent, au sens marxiste, de classes sociales et/ou de groupes subalternes, voyant ainsi dans l'institution éducative une possibilité, à travers l'obtention de titres scolaires et/ou de diplômes universitaires, réalisent cependant leurs prétendues ascensions sociales en étant ainsi, de manière aliénée, cooptées. Jean-Paul Sartre appelle ces intellectuels contemporains des spécialistes du savoir pratique: *Le groupe d'individus qui, de manière aliénée, partagent avec les élites capitalistes leur contenu éthique de l'État (principes et valeurs), mais pas leurs mêmes conditions matérielles d'existence.*

En ce sens, tout monstre et/ou spécialiste du savoir pratique a une culture capitaliste et, de la même manière, paradoxe dans le même être, aussi une condition de vie dite supérieure par rapport à la -dits exclus ou misérables, mais toujours inférieurs par rapport à l'élite, c'est-à-dire correspondant aux mêmes individus considérés comme pauvres et/ou de classe moyenne qui ont réussi dans les institutions dites éducatives, atteignant un certain niveau culturel et/ou institutionnel pouvoir, mais pas économique, au point qu'ils peuvent faire en sorte qu'ils n'aient plus besoin de travailler, en tant que salariés ou profession libérale, pour pouvoir, comme les capitalistes, vivre.

UNITÉ III

AU-DELÀ DE LA CONDITION DE MONSTRES (RICHE SANS ARGENT) FORMÉS PAR L'ÉCOLE

III - LA CONNAISSANCE CRITIQUE DE SOI ET LA CONNAISSANCE CRITIQUE DU MONDE.

S'humaniser, bien au-delà des processus de socialisation primaire et secondaire, est aussi un acte d'émancipation intellectuelle, qui s'opère à partir et pendant la prise de conscience critique. Cependant, tous ceux qui recherchent la conscience critique ne sont pas, en fait, émancipés pour deux raisons:

1- L'émancipation intellectuelle est un processus de transformation et de transcendance de l'esprit connaissant; de conquête de l'autonomie pour être, faire et se refaire dans les préceptes de l'humanisation;

2- La conscience critique, à elle seule, n'est rien de plus que la conscience « de [10]». On peut être conscient d'une chose et pas d'une autre.

On arrive à un axiome:

---

[10] Especific consious.

A- Pour s'humaniser, en effet, l'homme a besoin d'éducation, mais pas de n'importe quelle éducation;

B- Il a besoin d'une éducation qui lui permette, par l'exercice de sa conscience réflexive, de développer:

1- La conscience de soi critique;

2- La conscience critique du monde.

En ce sens, il ne s'agit pas, ici, des spécificités de la conscience, mais de quelque chose de bien plus vaste, conçu comme les amalgames de l'acte de s'humaniser, même théoriquement spécifié, visant à favoriser une meilleure compréhension et ils se soutiennent et s'incarnent dans émancipation intellectuelle.

III. 1 - LA CONSCIENCE CRITIQUE DE SOI.

Loin de l'humanisme radical des sophistes ; de l'humanisme anthropocentrique, soutenu par les sciences, dans lequel l'homme est placé et en même temps compris comme la mesure de toutes choses et, bien plus loin des orthodoxies déterministes, qu'elles soient scientifiques ou de toute autre nature, on peut dire que:

1) L'homme, étant un être social, un animal politique, comme le décrit Aristote, pour être au monde, a besoin de critique et d'autocritique;

2) Qu'il veuille ou non nier l'existence de Dieu, l'homme a besoin de comprendre qu'il n'est pas seulement la nature, mais aussi doté d'esprit, de raison, de dynamisme et d'affection, résumés dans une condition humaine;

3) L'homme a besoin de savoir qu'il est constitué par une unité d'opposés, c'est-à-dire de raison, de pulsion et d'affection;

4) Il a aussi besoin de savoir que, dans la quête de compréhension d'ensemble, de spécification

et de particularisation des axes d'études et/ou de recherche, l'homme s'est retrouvé piégé dans des symbolismes différents, dans des manières orthodoxes différentes de voir le monde, cristallisant et systématisant des paradigmes, ce qui empêche lui de voir la réalité elle-même, mais seulement pour vous.

5) L'homme a besoin de savoir que, dans la recherche du bonheur, dans la recherche de l'épanouissement personnel, il peut tomber malade, il peut avoir des pertes socio-affectives, il peut mourir, interrompant sa trajectoire de vie.

6) Il doit comprendre qu'à sa naissance, il commence à mourir. Autrement dit, comprendre que leur existence constitue une sorte de marche de la mort.

7) Dans la recherche de l'inclusion sociale, il doit être conscient du fait qu'il existe, dans la société, des inégalités entre les hommes.

8) Dans la recherche d'un emploi, il a besoin de savoir qu'il est inséré dans un monde capitaliste et donc aussi méritocratique, compétitif et individualiste.

Bien qu'à première vue, cela puisse sembler un paradoxe, la conscience de soi, la conscience d' être de son *humain quoi faire*, ne se passe pas seulement à l'École, ni seulement dans la famille et, encore moins uniquement sur les réseaux sociaux internet ou uniquement sur d'autres moyens spécifiques de socialisation liés à l'exercice de différents rôles sociaux, pour plusieurs raisons:

1- Dans la famille, il existe une certaine couche de protection, jusqu'à un certain âge, ainsi que la construction de hiérarchies et de stigmates entre les individus, qui les empêchent de se confronter, directement, aux rapports inégaux de la vie sociale et de construire une image, une vraie conscience de soi;

2- A l'école, en revanche, il y a la diffusion et l'intériorisation, chez l'individu, de savoirs savants qui l'alièrent, comme il lui échappe, disant que seule l'appropriation de ce type de savoir est capable de le conduire à la prospérité; à de meilleures conditions de vie.

De plus, à l'école, c'est l'acquisition de contenus qui est valorisée et non le développement de la créativité; Apprendre des pensées est valorisé et non apprendre à apprendre ou apprendre à penser;

3- Sur internet, il n'y a pas de relations de confiance ou de validité des connaissances, ainsi que des incertitudes sur leur qualité;

4- Dans l'exercice des rôles sociaux se trouve la prison de l'être, des stéréotypes et des stigmates, qui empêchent l'être d'être quelque chose au-delà de lui, dans son temps et son espace.

Dans les groupes favorisés, la prise de conscience prend plus de temps, car cette protection familiale dure plus longtemps, tout comme les années de scolarisation. Dans les groupes défavorisés, la protection familiale se termine tôt, tout comme la protection scolaire souvent. Joué précocement dans la société du capital, on découvre, volontairement ou non, une réalité catastrophique, implicite dans les circonstances de la vie quotidienne. Ces relations sociales lui imposent la nécessité d'une prise de décision constante. Dans ces groupes défavorisés, un potentiel d'émancipation se développe tôt à partir de l'expérience, mais il s'atrophie vite, car, lorsqu'on s'interroge sur son existence face aux problèmes sociaux, il n'est pas possible de l'appréhender en termes d'enrichissement et de qualité, faute de une solide formation culturelle.

Autrement dit, la conscience ne s'étend pas et ne se cristallise pas, elle se précise et se limite comme inconscience du tout ou *comme conscience « de »*.

Lorsque, cependant, pour une raison quelconque, même en étant libéré tôt dans le monde, par la famille, cet être parvient toujours à continuer à l'école, en poursuivant ses études, il a là la possibilité de confronter la connaissance de la vie avec la connaissance érudite et construire votre propre vision de vous-même. Il est désormais capable d'analyser, de comparer, d'interroger, de synthétiser, de donner du sens, de douter, de commencer à réfléchir, de donner un sens à son existence. Il commence à avoir la possibilité de construire des stratégies de lutte et de résistance contre sa condition d'exclu.

Dans les groupes économiquement favorisés, cette prise de conscience ne se produit parfois même pas lorsque la protection familiale passe de l'âge adulte et, dans la même mesure, l'acquisition de connaissances savantes est prolongée.

L'érudition seule, loin de l'expérience, ne permet pas à l'être de développer une conscience critique de lui-même, mais de se cristalliser et de s'intérioriser, la haute culture comme seul moyen d'interagir avec le monde, de s'éloigner de l'humanisation, de s'éloigner de la besoin de donner un sens à l'existence elle-même. De la même manière, seule l'expérience n'est pas capable de faire prendre conscience à l'être de lui-même, mais de lui permettre de se dégrader, de se faire écraser, détruire par les hiérarchies sociales, par les inégalités entre les hommes, intériorisant les stigmates, les stéréotypes et limitant leur possibilités d'existence.

La conscience critique de soi implique la compréhension de leur rôle individuel et social. Pour comprendre, par exemple, pourquoi, quoi et pour qui vous travaillez, ainsi que pourquoi et pourquoi vous étudiez.

De plus, ce que l'on travaille ou devrait travailler, ou ce que l'on étudie et ce que l'on devrait étudier. Ce genre de questions ne sont posées ni par la famille ni par l'école, et si quelqu'un les posait, ils répondraient certainement à quelque chose qui ne va pas à l'encontre de leurs propres intérêts, c'est-à-dire qui est lié à l'argent et au statut social. Il ne s'agit pas de dire que l'acquisition d'argent par le travail et l'étude est sans importance, mais que l'acquisition d'argent doit être la conséquence et non la cause de l'existence elle-même.

D'autre part, prendre conscience de la contradiction que tout être porte en lui, étant doué de raison, d'élan et d'affection, donnerait à l'être la conscience que son angoisse passe par l'angoisse des autres, ainsi que ses besoins et ses aspirations.

Dans cette compréhension, les contradictions sociales et les différences sociales sont appréhendées de manière active, c'est-à-dire en se construisant psychosocialement et, en même temps, en s'organisant collectivement. L'homme commence à s'émanciper intellectuellement lorsque, dans son existence d'homo "faber" et d'homo "intellects", il découvre que sa citoyenneté, bien qu'étant un droit, doit être conquise, ainsi que son humanisation, bien qu'étant un but de "être" homme.

Un accomplissement personnel, lorsqu'il se responsabilise et transcende sa réalité hostile; une réalisation collective, lorsqu'elle s'organise pour le bien-être commun.

La conscience de soi implique le respect de l'autre, car il est entendu que la cristallisation du je en soi est un idéal inutile et catastrophique, culminant dans l'individualisme avec tous ses maux. La conscience de soi est le premier pas vers l'émancipation intellectuelle, car c'est à partir d'elle que l'être humain en vient à comprendre la nécessité de s'interroger sur son rôle, sa fonction sociale dans le monde dans lequel il vit.

C'est aussi le moment où il peut commencer à voir l'autre sous les bases épistémologiques qu'il se voit, c'est-à-dire comme un être qui n'a pas non plus besoin d'humanisation.

La conscience de soi met l'être humain sur la voie de l'humanisation car il n'y a rien de plus humain que de pouvoir demander et se demander: demander au monde, faire comprendre à ce monde qu'on est vivant, qu'on existe, qu'on est attentif à lui; s'interroger, découvrir qu'il faut réfléchir (rechercher, analyser, synthétiser, douter, conclure, conceptualiser, comparer, répondre, douter de soi et de tous).

Dans ce processus de prise de conscience de soi, on commence à comprendre que l'homme n'est pas l'être humain, mais, comme dirait Nietzsche, que l'homme est un pont qui va de l'animal au-delà de l'homme. L'au-delà de l'homme est l'être humain. Mais il y a des passerelles qui mènent l'homme aux prisons, au déterminisme, à l'inatisme, aux stéréotypes, aux stigmates, bref, loin de leur processus d'humanisation.

III. 2 – LA CONSCIENCE CRITIQUE DU MONDE.

Au fur et à mesure que la conscience de soi s'étend, la conscience du monde se développe dans un processus un-double. Mais cette seconde va bien au-delà de la simple compréhension de la société, avec ses différences sociales.

Elle passe aussi par la compréhension de l'autre, dans ses différentes facettes; en comprenant le monde naturel; en transformant les actions issues de la compréhension, issues de la découverte, par la prise de conscience, de ses possibilités de changement. Cela implique également une compréhension des processus historiques qui ont conduit à l'aboutissement du monde dans lequel nous vivons, ainsi que des impacts et des changements causés par les développements scientifiques, notamment technologiques, ainsi que leurs conséquences pour la vie sur la planète. L'acquisition de connaissances savantes dans ce processus est nécessaire, mais aussi seules les connaissances savantes, pour cette prise de conscience, ne sont pas efficaces. Pour deux raisons:

a- L'histoire des relations conflictuelles entre les différents groupes sociaux n'est pas fiable, car elle est toujours racontée du point de vue de ceux qui sont restés au pouvoir et, par conséquent, elle porte un masque, une essence idéologique, afin de maintenir le statu quo;

b- De même, des savoirs savants sont diffusés: les paradoxes du développement scientifique ne sont pas révélés, tels que ses impacts sociaux et environnementaux et sa subordination légitime aux valeurs du Capital, dans ses intérêts multiples.

D'autre part, comme nous l'avons mentionné, la conscience du monde comme ce qui vient de la famille, d'internet ou de la représentation des rôles sociaux ne permet pas non plus cette conscience du monde car, étant particularistes, ils y apportent de l'imprécision, incohérence et fragmentation, caractéristiques du sens commun et de la connaissance de sens commun.

Comme dans le processus de prise de conscience de soi, le processus de prise de conscience du monde se déroule aussi dans la confrontation quotidienne de ce qui est vécu avec ce qui est appris dans les institutions éducatives, dialectiquement. Dans cet affrontement, les paradoxes sont révélés et les vrais visages de ces deux domaines de la connaissance sont montrés.

Dans ce choc, il y a, dans un premier temps, la possibilité de problématiser la réalité. En une seconde, cette problématisation s'élargit et deux paradoxes essentiels sont découverts:

1- Que tout ce qui est appris dans les établissements d'enseignement n'est pas valable;

2- Que tout ce qui circule dans le sens commun n'est pas invalide.

Il est cependant important de dire que la conscience du monde de l'individu est conditionnée par le monde dans lequel cet individu vit, c'est-à-dire par les valeurs qui le sous-tendent.

Selon le monde dans lequel vous vivez, vous pouvez avoir telle ou telle vision du monde. Nous ne parlons pas de la question d'un simple point de vue, mais de la condition sociale, culturelle et économique de l'être. Les groupes ethniques ou les groupes sociaux qui sont ou ont été marginalisés au cours de l'histoire, quelle que soit l'interprétation des connaissances savantes sur cette question, tendent à faire prévaloir en eux une compréhension du monde saisie par sa réalité sensible et, lorsqu'elle est connue, par sa réalité historique. S'il s'agit d'un processus de prise de conscience, même critique, il ne peut et ne doit pas être compris comme une voie sûre vers l'émancipation intellectuelle, pour deux autres raisons:

1- La compréhension du monde dans lequel on vit, ainsi que la conscience de soi, dispense du développement de soi-même, basé sur la confrontation d'un savoir érudit avec l'expérience d'un esprit cosmopolite qui, étant cosmopolite, est capable de se mouvoir par les différences.

Autrement dit, l'individu a besoin de faire partie, de se sentir partie, par sa compréhension, d'une culture planétaire sans pour autant perdre ses références ethniques. Il doit être conscient du monde macro et du monde micro.

2- Il faut comprendre que tout homme, parce qu'il est un homme, appartient à sa base, à une ethnie planétaire.

Les différences culturelles entre les hommes ne les séparent pas de cette base, mais les enrichissent seulement d'un point de vue anthropologique. Ainsi, la conscience du monde de l'homme doit lui permettre d'agir, de sentir et de penser loin du nationalisme ou du particularisme, mais en phase avec des causes particulières et planétaires. C'est-à-dire que lorsque l'homme développe une conscience planétaire, il abandonne naturellement les postures génocidaires, xénophobes, racistes, car il développe aussi la capacité de respecter et de vivre avec les différences, quelles qu'elles soient.

De plus, parce qu'il est et se comprend comme étant non seulement une partie mais aussi un tout, à la fois différent et égal à tous les êtres humains, il peut apprendre d'eux et être appréhendé par eux.

En ce sens, l'émancipation intellectuelle, en tant qu'acte de liberté et d'autonomie pour se mouvoir et dialoguer avec les différences et les différences, dans la recherche du nouveau, est aussi épistémologiquement une rupture avec les frontières hiérarchiques du savoir.

Non seulement au regard des disciplines académiques, mais aussi au regard des valeurs qui sous-tendent les différentes conceptions du monde.

La conscience du monde ne peut avoir lieu à partir du microcosme gnosiologique dans lequel vit l'être. Ainsi, s'il en est ainsi, l'individu n'acquiert que *la conscience de*, la conscience de toute spécificité et ne s'émancipe pas intellectuellement, car ses actions visent à résoudre la partie et non le tout.

Extrêmement particulier, il s'exclut du tout, s'exclut du monde, comme s'il agissait contre lui-même, dominé par l'idéologie orthodoxe de la préservation de lui-même, bien qu'inconsciemment.

Il est à noter, cependant, que l'émancipation intellectuelle ne passe pas ou ne dispense pas de l'incorporation de toutes les connaissances, même parce que cela serait impossible. C'est une légèreté d'esprit où ne reposent ni orthodoxies ni paradigmes orthodoxes, ni vérités absolues ni scepticisme absolu, mais une ouverture au nouveau. C'est la compréhension que le monde, culturellement parlant, n'a pas besoin d'être égal, pour que les gens aient le droit et l'accès à l'équité.

La conscience du monde, en ce sens, passe aussi par une compréhension de l'autre, du pas moi, du soi-disant étrange, du différent. L'émancipation intellectuelle, en tant que processus d'humanisation, réside et se matérialise dans la dynamique de la coexistence : ne pas vouloir être le moi toujours, ni l' autre complètement. Autrement dit, il consiste à pouvoir apprendre et à pouvoir être appréhendé par les différents pour vivre, à mieux voir le monde, à le transformer sans pour autant le devenir et inversement.

L'émancipation intellectuelle, ce processus d'humanisation, commence lorsque, intentionnellement, l'un se dirige vers l'autre, en incorporant une partie de celui-ci qui nous rend encore plus humanisés, mieux que nous ne pouvons être seuls, plus émancipés que lorsqu'on est otages de soi.

Mais, d'un autre côté, harceler l'autre pour ne pas le considérer comme un être digne d'appréhension, pour ne pas le considérer simplement comme appartenant à une autre culture, mais comme une culture acculturée, nous pousse vers nous-mêmes, comme si notre moi étaient un dieu unique, digne d'appréciation, et tous les autres êtres d'autres contingences. La compréhension du monde, en ce sens, a un lien direct avec la compréhension de soi: si l'être se voit comme quelque chose de complet et de fini, de clos, alors ce qu'il y a de nouveau, de différent, de richesse dans cet univers d'"étrangers", elle ne peut pas, selon lui, s'intégrer en lui-même, mais seulement lui, lui-même, s'intégrer dans les autres. Cette compréhension de soi nationaliste conduit cet être à systématiser les monologues: à vouloir toujours parler et ne jamais vouloir écouter; vouloir toujours faire prévaloir ses idées sur les autres; fermer dans un monde d'égaux, hiérarchiquement parlant; vouloir être toujours lui-même: toujours le même.

En d'autres termes, ce nationaliste veut que les autres voient le monde tel qu'il le voit, et à l'autre extrême, qu'ils soient tel qu'il est et partagent ses principes et ses valeurs. C'est une sorte de volonté de catéchiser l'autre, soutenue sous l'égide de l'intolérance au différent, de la même manière que se créent des conjectures pour le différent, de soi, de la cristallisation de soi lui-même. autre devrait être.

L'émancipation et l'humanisation intellectuelles, dans cet aspect, dépassent le besoin et la condition d'une simple érudition de l'être, mais vont aussi au-delà des connaissances acquises dans l'expérience, dans l'expérience sensorielle de chaque être. Elle passe par l'incorporation d'une posture gnosiologique entre les différentes formes et types de connaissances, habilitant l'être à pouvoir agir et transformer le monde, à partir d'actions individuelles et collectives, dans un espace-temps plus équitable, plus participatif, car aussi tolérant et respectueux des différences.

L'émancipation intellectuelle, l'humanisation, est une manière à la fois inter, multi et dialogiquement transdisciplinaire d'être dans et avec le monde. C'est, au sens philosophique et pédagogique, bien que pour certains, utopique, une manière de comprendre le monde au-delà des paradigmes disciplinaires, au-delà des frontières du savoir, au-delà des xénophobes, des orthodoxies et, en plus de pouvoir en tirer des leçons, laissez-vous aussi appréhender. C'est l'action intentionnelle, délibérée de construire une conduite éthique, critique, autocritique, antinationaliste, fondée à la fois sur l'étude, la recherche, mais aussi sur l'existence, sur des appréhensions empiriques vécues, vécues, pour, avec ceci, dialogique, pédagogiquement et dialectiquement, pour pouvoir se dépasser, dépasser les symbolismes unilatéraux de toute connaissance,

C'est les nier: toujours nier leurs manières dites uniques, vraies ou correctes de comprendre le monde et soi-même.

Tant l'humanisme radical des sophistes, dans lequel l'homme était compris comme la mesure de toutes choses, que le théocentrisme, l'anthropocentrisme, les sciences et d'autres formes de connaissance, ont conduit l'humanité dans un labyrinthe. C'est-à-dire aux visions du monde particularistes, imprégnées de dogmatisme, comparées aux manières mythologiques de voir le monde. En science, par exemple, il y a de plus en plus de discipline, de spécification des savoirs et, dans la même mesure catastrophique, l'absence de dialogue entre eux. Différentes visions du monde sont nécessaires: inutiles sont les abîmes qui se cristallisent et se systématisent entre eux.

Il n'y a pas de coexistence dialogique entre les savoirs, mais une hiérarchie, une sorte de xénophobisme épistémologique entre eux.

Pour s'émanciper intellectuellement, pour s'humaniser, l'homme a besoin d'être indiscipliné, au sens de ne pas être lié à des disciplines, à des paradigmes orthodoxes du savoir, à des abstractions académiques et à transcender dialogiquement les abîmes qui les séparent. Cependant, seule cette érudition, même ainsi, n'est pas le chemin de l'émancipation intellectuelle, de l'humanisation, car ce chemin, contrairement à d'autres chemins, n'est pas un don, une méthode, mais un accomplissement, c'est-à-dire qu'il se fait en marchant. Il faut que cette érudition soit dialectiquement confrontée à la réalité sensible de l'être, à son existence, à son expérience. La nature a créé l'homme. Cependant, il appartient à l'homme, dans l'exercice de sa rationalité, de s'émanciper intellectuellement, par la loi et, par conséquent, par le devoir d'être libre, de devenir un être humain.

Autrement dit, conquérir leur humanité, précisément à partir du moment où, libérés dans le monde, ils trouvent cela étrange, prennent la nausée, et découvrent que le monde dans lequel ils vivent n'a pas pour valeur l'humanisation.

ATTACHEMENT

I - QUAND L'ÉDUCATION N'EST PAS LIBÉRATIVE ET/OU... QUAND LES PAUVRES ET/OU MISÉRABLES PENSENT QU'ILS SONT RICHE.

Pendant près de trois décennies – la dernière décennie du 20e siècle pour être plus exact (1990) – selon les données de l'IBGE, les niveaux de pauvreté au Brésil[11] étaient alarmants: de l'ordre de 40 à 50 millions de personnes sur une population d'env. 150 millions. Dans le monde, également dans cette même période, selon l'ONU, environ 1,2 milliard (Aujourd'hui, il y a environ 1,7 milliard de personnes misérables dans le monde). Nous ne parlons pas ici, cela mérite d'être précisé,

---

[11]L'édition du 30 novembre 2017 du magazine VEJA apporte la terrible prise de conscience que le nombre de personnes misérables dans le pays a encore augmenté. Si entre 2004 et 2014, le nombre de Brésiliens sortis de la pauvreté a augmenté, grâce à la croissance économique, à la création d'emplois et aux programmes d'aide, à partir de 2015, la réalité s'aggrave. La question est l'un des problèmes chroniques du pays. Le 19 décembre 1990, avec la couverture "Os Miseráveis - Il n'y a jamais eu autant de gens dans la rue", le magazine montrait qu'il y a 27 ans, l'inégalité était aussi profondément connue, et même ainsi, presque rien n'a été fait. Source:https://veja.abril.com.br/blog/reveja/em-1990-miseraveis-invadiam-as-grandes-cidades-do-pais/

non pas des cas dits de pauvreté, comme certains peuvent le penser à tort, mais des cas de pauvreté elle-même. C'est-à-dire que nous parlons de la situation des personnes qui ont survécu (et n'ont pas vécu), sans emploi ou sous-employées, comme aujourd'hui encore au Brésil et dans le monde, beaucoup survivent, avec moins de 1 ou 2 dollars par jour, privés d'un logement décent; nutrition adéquat; accès aux systèmes de santé, à l'éducation, à l'assainissement de base, aux transports, aux loisirs.

Pour se faire une idée de cette tragique période brésilienne, des personnes considérées comme pauvres par l'IBGE[12], qui n'avaient qu'un seul emploi ou une source raisonnable de revenus, se croyaient aliénées appartenir à la classe moyenne; et la classe moyenne, même la plus basse, étant donné le niveau extrême d'exclusion sociale subi par une grande partie de la population brésilienne, était absolument sûre qu'elle était

---

[12] Research institute of state Brazil

aussi riche. Beaucoup de fous de la classe moyenne, par exemple, quand, pour une raison injustifiée, ils se disputaient ou se heurtaient à des gens qu'ils considéraient comme pauvres, misérables ou plus pauvres qu'eux, sortaient avec arrogance en disant: Qu'est-ce que je paie comme impôt, vous ne touche même pas de salaire!.

Il était aussi assez fréquent, à cette époque, que ces mêmes bourgeois qui se croyaient riches, se vantent d'avoir des chauffeurs et des journaliers ou des bonnes, c'est-à-dire des employés qu'ils gardent sans payer aucun droit du travail, juste pour essayer se convaincre ou convaincre les autres qu'en fait ils appartenaient aussi à l'élite.

Dans le même ordre d'idées, depuis cette période, il y a également eu un grand nombre de ces candidats ou gouvernements populistes qui se sont levés et/ou se sont levés en promettant de mettre fin à la pauvreté ou à la misère du peuple. A l'époque de Sarney (1985-1990), par exemple, le gouvernement distribuait des tickets de lait, etc.

Dans le court gouvernement Collor (1990-1992), en tant que soi-disant tentative de réduire l'inflation, il y avait un contrôle des prix, et même le blocage des comptes d'épargne d'une valeur supérieure à 50 000 cruzados.

Dans les deux administrations FHC (1995-2002), il y avait une promesse fallacieuse de générer des emplois à partir des nombreuses privatisations créées (période de systématisation du néolibéralisme et de l'État minimum au Brésil); et aussi mettre fin à la faim ou à la misère en encourageant la création de soi-disant ONG (organisations non gouvernementales). Beaucoup, par exemple, se souviennent encore de la campagne de feu Betinho, intitulée Action citoyenne contre la faim, la misère et pour la vie – et bien d'autres encore –, qui avait le soutien direct et indirect du gouvernement fédéral. La misère et la pauvreté, cependant, pendant ces gouvernements ou ces périodes, comme on le sait, n'ont jamais été éradiquées ni même atténuées.

Bien au contraire: selon l' (IBGE) et l' (ONU), absurdement, ils ont encore augmenté.

II

Dans les gouvernements de Lula[13](2003-2010, qui a acquis une notoriété internationale et une grande publicité dans les médias brésiliens), cependant, une nouvelle méthode pour les éradiquer (la pauvreté et la misère) émerge, qui s'est avérée assez efficace: les gens commencent à croire, par exemple, que, outre la mise en place de mesures d'aide palliative telles que les

---

[13]Après avoir pris la deuxième place aux élections électorales entre 1989 et 1998, Lula a été élu président de la République avec plus de 61 % des voix, en 2002. Durant ce mandat, il a fait de la lutte contre la faim une priorité en lançant la Faim Zéro projet. Selon une enquête réalisée en 2001, il y avait environ 46 millions de personnes en situation d' insécurité alimentaire, qui ne consommaient pas la nourriture nécessaire pour se nourrir adéquatement. Des programmes d'éducation alimentaire et le projet *Bolsa Famíli* étaient liés à *Faim Zéro*. La *Bolsa Familia* est une valeur offerte aux familles en situation de pauvreté ou d'extrême pauvreté. Cette aide existait déjà dans Le gouvernement prédécesseur de Fernando Henrique Cardoso divisés en quatre programmes (aide à l'achat d'essence, de nourriture et de fournitures scolaires), ils ont été unifiés et élargis sous l'administration Lula. (la source:*Nathalie Rodrigues: Master en Histoire (UERJ, 2016) ; Diplômée en Histoire (UERJ, 2014)*).

programmes dits *Faim Zéro*, Bolsa-Famille[14], il a également fallu systématiser les crédits, avec des taux d'intérêt plus bas, pour la population socialement exclue.

En outre, visant à réduire les statistiques du chômage ou à générer des possibilités d'accès au revenu, non seulement chercher à créer des emplois de manière traditionnelle comme dans d'autres gouvernements, mais aussi à développer, chez les personnes dites pauvres et/ou misérables, le désir ou volonté de devenir entrepreneurs ou micro-entrepreneurs.

A partir de cette période, dans tout le Brésil, les initiatives ou les pratiques de SEBRAE[15] ont commencé à être encore plus valorisées et systématisées, avec le soutien du gouvernement fédéral[16]. Ces mesures, comme il fallait s'y

---

[14] Social politic Brazil.
[15] Educational for organizations.
[16] Le Service brésilien de soutien aux micro et petites entreprises (SEBRAE) est une entité de service social brésilienne privée à but non lucratif créée en 1972, qui vise à former et à promouvoir le développement économique et la

attendre, à court et moyen terme, ont eu des effets.

En quelques années, le Brésil avait fait un bond économique. Autrement dit, selon les enquêtes FGV, FUNCEC – recherche, enseignement et vulgarisation, IDB, etc., par exemple, de début 2003 à mai ou juin 2011 (période des deux administrations Lula), seuls les La CLASSE C (classe moyenne inférieure) avait accueilli environ 39,9 millions de diplômés des CLASSE D et E (classe des soi-disant pauvres et/ou misérables). Cela signifiait ou indiquait, à l'époque, essentiellement, une réduction ou une éradication substantielle des inégalités économiques dans le pays.

---

compétitivité des micro et petites entreprises, en stimulant l'esprit d'entreprise dans le pays. Il fait partie de Sistema S, un groupe de neuf institutions qui soutiennent les professionnels. SEBRAE travaille également en mettant l'accent sur le processus de formalisation de l'économie à travers des partenariats avec les secteurs public et privé, des programmes de formation, des foires et des tables rondes d'entreprises. Une partie de cet effort a gagné en visibilité avec l'approbation de la loi générale sur les micro et petites entreprises, en décembre 2006. L'une des dispositions de la loi générale, les simples fédérales, déjà réglementée,

Il était fréquent, à cette période, par exemple, de voir des pauvres et/ou des misérables (jeunes et adultes) placer leurs parents ou grands-parents pour faire des crédits salariaux, avec des taux d'intérêt plus bas, afin d'augmenter leur consommation, et aussi construire leur propre petite entreprise.

Peu de temps après, grâce à des politiques publiques, des efforts ont également été déployés pour faciliter la légalisation de ces mêmes nouvelles micro-entreprises, y compris les banques d'État (Banco do Brasil et Caixa Econômica Federal) en tant que principaux promoteurs de financement pour les propriétaires de petites entreprises susmentionnés[17] *qui a commencé à*

---

[17]Au cours du second mandat de l'administration Lula, l'inflation a été maîtrisée et le taux de chômage a diminué. Pour développer les infrastructures du pays, le Programme d'accélération de la croissance (PAC) a été créé en 2007, qui a construit des ports, des autoroutes, des voies ferrées et investi dans l'assainissement de base. Avec la croissance de l'économie brésilienne, le pays a rejoint le Bloc des pays émergents (BRIC) également formé par la Russie, l'Inde et la Chine, en 2011. La croissance économique brésilienne l'a également conduit à rejoindre le G 20, constitué par l'Union européenne et les dix-neuf plus grandes économies mondiales.

LA SOCIÉTÉ DES RICHES SANS ARGENT

apparaître dans le pays. Il est devenu courant, au Brésil, de voir les anciens pauvres et/ou misérables, désormais dans la condition de soi-disant micro-entrepreneurs ou micro-entrepreneurs (dite nouvelle classe moyenne), financer des voitures, des maisons, des appartements, voyages internationaux, etc. Beaucoup d'entre eux ont même commencé à acheter des voitures de luxe en plusieurs fois à l'abri des regards; et ils ont financé des appartements dans les soi-disant nouveaux quartiers riches de Rio de Janeiro. "D'ACCORD. Et donc? Où est le problème, s'il y en a vraiment un? – certainement beaucoup doivent se poser des questions, visant à mieux concaténer leurs propres idées, voulant dévoiler la logique ou l'objectif du texte.

J'explique:

La crise économique mondiale de 2008 a eu peu d'écho au Brésil, générant un climat d'optimisme. De plus, il y a eu la découverte de gisements de pétrole sous les couches de sel dans le sol, qui sont devenus connus sous le nom de pré-sel,

Le problème (beaucoup l'ignoraient et même aujourd'hui sont inconnus) réside dans l'évidence, mais en même temps pas un fait simple et complexe que, Quand l'éducation n'est pas libératrice, le rêve des opprimés devient, non seulement celui de vouloir devenir libre de l'oppression, mais aussi celui de vouloir devenir oppresseur[18] (Freire, P. Pédagogie des opprimés). Autrement dit, le problème réside dans le fait tragique que, il faut le souligner, ces prétendus pauvres et/ou misérables du passé, bien qu'étant

---

[18]Il y a eu une augmentation des niveaux de scolarisation. Le programme Université pour tous (Prouni) a été créé, qui accorde des bourses dans des universités privées aux étudiants nécessiteux. Ce programme a été largement critiqué, car des fonds ont été réservés aux universités privées qui pourraient être appliqués aux universités publiques. Au cours de cette période, plus de 20 millions de personnes sont sorties de la pauvreté et sont entrées dans la classe C (avec un revenu familial compris entre 1126 et 4854 reais). Ce phénomène était considéré comme l'inclusion sociale ; puisque, dans la perspective néolibérale, la croissance des revenus est associée à l'inclusion sociale, même si cette partie de la population n'a pas accès à des services de qualité dans les secteurs de base tels que l'éducation et la santé.*Nathalie Rodrigues: Master en Histoire (UERJ, 2016) ; Diplômée en Histoire (UERJ, 2014))*.

encore réellement eux, c'est-à-dire qu'ils ne soient pas réellement devenus riches comme ils le pensent soit ils croient être restés, ne se voient pas et/ou ne se sentent pas non plus, idéologiquement ou psychosocialement parlant, plutôt pauvres et/ou misérables. Autrement dit, aliénés par le système capitaliste, se croyant riches sans l'être, ils pensent et/ou agissent aussi aujourd'hui:

1- Comme des capitalistes sauvages;
2- En tant qu'êtres consommateurs de choses et de personnes;
3- En tant qu'êtres individualistes, méritocratiques, élitistes.

On peut même illustrer cette nouvelle situation des pauvres et/ou misérables (qui aujourd'hui se croient riches sans l'être) de manière encore plus didactique, mais non moins tragique ou ironique: l'amusant compositeur Dicro, vivant et filmé par les médias télévisés dans des situations qu'il croyait mener la vie de riches ou d'élites, souriant d'une manière ludique, par exemple, il a exprimé que, s'il avait déjà été pauvre, il ne s'en souvenait même pas non plus. Aujourd'hui, aube du siècle. XXI, aussi incroyable ou absurde que cela puisse nous paraître, c'est exactement ce qui est arrivé à des personnes issues de milieux pauvres et/ou misérables, mais qui, aliénées par le système, croient aussi les avoir réellement surmontées (pauvreté et /ou la misère) pour le simple fait d'être devenus entrepreneurs ou micro-entrepreneurs dans les gouvernements de Lula.

Ce fait, sans l'ombre d'un doute, explique certainement pourquoi, aujourd'hui, selon les données de l'IBGE, alors qu'il n'y a qu'environ 167 mille millionnaires au Brésil; et qu'il n'y a aussi qu'une dizaine de milliardaires qui, ensemble, possèdent la même somme d'argent que la moitié de la population brésilienne (environ 100 millions d'individus), ces mêmes personnes issues de milieux pauvres et/ou misérables (qui se croient aujourd'hui riches par le fait qu'ils sont devenus micro-entrepreneurs ou micro-entrepreneurs) ils identifient et défendent également les mêmes idées et/ou valeurs des classes d'élite.

On pense, en ce sens, que les gouvernements de Lula, les soi-disant travailleurs, avec leurs politiques d'inclusion sociale dite privée d'accès parallèle des exclus (pauvres et/ou misérables) à une éducation libératrice, ont créé non seulement la soi-disant aberrations de la classe moyenne[19] (1- aberrations politique: êtres fascistes; 2- aberrations éthiques: êtres violents; et 3- aberrations cognitives: êtres ignorants), mais ils ont aussi fabriqué la multiplication de leurs propres ennemis idéologiques.

En d'autres termes, ils ont fait penser la classe ouvrière (classe moyenne, pauvre et/ou misérable) de la même manière que les capitalistes sauvages pensent, devenant individualiste, méritocratique et consumériste.

---

[19] Terme ou concept créé par Marilena Chauí pour définir ou comprendre la classe moyenne brésilienne.

UN CAS À PENSER

Un jour, fin juin 2018 (année de l'élection présidentielle au Brésil), dans une copropriété connue sous le nom de millionnaires, à l'invitation d'amis, je suis tombé (dans un dialogue informel sur l'économie, la politique, etc.) – appelés nouveaux diplômés des classes D et E (qui se croyaient désormais riches), dont l'appartement, la voiture, selon lui, m'ont laissé m'évader, ont été/sont tous financés à perte de vue, et qui avait/a aussi, comme seul bon dicton, (leur façon de travailler et/ou de garantir la subsistance de la famille) une petite entreprise, défendant les intérêts de l'élite économique.

Faisant usage de la méthode socratique bien connue (ironie et maïeutique), je lui ai d'abord demandé, d'une manière calme et polie, combien de mois ou d'années il pourrait vivre sans travailler. Le citoyen, bien sûr, n'a pas répondu.

J'ai ensuite modifié: j'ai demandé s'il pourrait, à partir de ce jour, commencer à acheter ou à consommer tout ce qu'il a consommé ou acheté en liquide, et pour combien de temps. Par l'expression du visage de mon interlocuteur, j'ai tout de suite réalisé qu'il avait enfin repris conscience de l'état calamiteux d'exclusion socio-économique et/ou du niveau élevé de pauvreté ou de misère dans lequel il vivait depuis un certain temps. Cependant, comme il fallait aussi s'y attendre, il ne me laissa pas espérer: il préféra grogner quelques phrases vides de sens, me maudissant presque, évitant, à partir de ce moment, d'engager un nouveau dialogue avec moi. En d'autres termes, il est devenu mon ennemi.

La dernière chose que j'ai eu l'occasion de lui dire, et dont, je l'avoue, je ne sais pas s'il m'a bien compris jusqu'à présent, c'est que la vraie élite économique ne travaille pas pour l'argent, c'est-à-dire qu'elle est celui qui met l'argent à travailler pour elle. En d'autres termes, je lui ai dit que la véritable élite économique était celle qui, à prix d'or, finançait la création de toutes les soi-disant micro-entreprises, y compris la sienne, ainsi que toutes les volontés de consommation de la classe moyenne, les pauvres et les misérables, et qu'ils étaient/sont tous ses esclaves postmodernes.

II

Quoi qu'il en soit, cela veut dire que, dans le Brésil d'aujourd'hui, bien qu'il y ait encore, économiquement parlant, des milliers de personnes pauvres et/ou misérables, ces mêmes personnes pauvres et/ou misérables, en tant que micro-entrepreneurs ou entrepreneurs, ne voient pas ou pas plus se sentir pauvre et/ou misérable. Et, pire encore: même sans argent, sans appartenir à l'élite économique, ces gens pensent et/ou agissent comme des capitalistes sauvages.

Pour ceux qui se croient aliénément riches ou appartenant à l'élite économique, les pauvres ou les misérables sont toujours les autres, jamais eux: ce sont toujours ceux qui n'ont pas de pouvoir de consommation ou qui ont moins ou moins de pouvoir d'achat que le leur, qui c'est qu'ils ne peuvent pas financer ou morceler, à perte de vue, avec des acomptes qui tiennent dans leurs poches ou dans ledit budget familial, leurs envies ou envies de consommer. En ce sens, on comprend pourquoi, dans un pays où la plupart des citoyens sont ou continuent d'être pauvres et/ou misérables (un pays où il n'y a que 167 000 millions de millionnaires), les électeurs se sont également mis à voter pour des candidats qui représentent les intérêts de élites économiques.

Les références:

ROIS, Daniel Aaron (org.). Modernisation, dictature et démocratie : 1964-2010. Rio de Janeiro : Objectif, 2014.

Bobbio, Norberto. Le concept de société civile. Rio de Janeiro: éditions Graal, 1982.

BIBLIOGRAPHIE D'ANTHROPOLOGIE SOCIALE

BEAUX, Alain. Anthropologie culturelle. Mexique/Buenos Aires, Centre régional d'assistance technique, 1971.

BENOÎT, Ruth. Le chrysanthème et l'épée. São Paulo, 1971, perspective.

GEERTZ, Clifford. La transition pour l'humanité. Dans Sol Tax (éd.), Panorama of Anthropology, 1966. Rio de Janeiro, fonds culturel.

BOURDIEU, Pierre. Raisons pratiques. 4. Ed. Campinas : Papirus, 1996.

KEESING, Félix. Anthropologie culturelle, Rio de Janeiro, 1961. Contexte culturel.

KROEBER, Alfred. « Le superorganique », in Donald Pierson (éd.), études d'organisation sociale. São Paulo, 1949, librairie Martins éditeur.

LARAIA, Roque de Barros. Culture : un concept anthropologique. 18ème. Ed. Rio de Janeiro. Jorge Zahar Éditeur, 2005.

LÉVI-STRAUSS, Claude. La pensée sauvage. São Paulo, Cia. Editora Nacional, 1976.

LOCK, Jean. Essai sur la compréhension humaine. The Thinkers Collection, São Paulo, Abril Cultural.

MERCIER, Paul. Histoire de l'anthropologie. Rio de Janeiro, Civilisation brésilienne, 1977.

SAHLINS, Maréchal. Culture et environnement : l'étude de l'écologie culturelle, dans Sol Tax (org.) Panorama d'anthropologie. Rio de Janeiro, Fonds Culturel.

_ Culture et raison pratique. Rio de Janeiro, rédacteur en chef de Zahar.

VELHO, Gilberto et VIVEIROS DE CASTRO, Eduardo. « Le concept de culture et l'étude des sociétés complexes ». Cahiers de Culture. USU (Universidade Santa rsula), année 2, nº 2, Rio de Janeiro, 1980.

BIBLIOGRAPHIE DE PHILOSOPHIE, POLITIQUE ET EDUCATION

APPLE, M. Éducation et pouvoir. Porto Alegre : Arts médicaux, 1989.

BOURDIEU, P. Reproduction. Rio de Janeiro : F. Alves, 1975.

LA COLLECTION DILUANTS : liée à la pensée d'Aristote, Sartre entre autres.

COSTA, Cleberson Eduardo da. Émancipé & Médiocre. Rio de Janeiro. Amazon.com, 2012.

COSTA, Cleberson. La complexité de l'évidence. Rio de Janeiro. Club des auteurs, 2012.

DELORS, Jacques. L'éducation pour le XXIe siècle : questions et perspectives. Porto Alegre. Artmed, 2005.

FREIRE, Paulo. Pédagogie de l'autonomie. São Paulo. Paix et Terre, 1996.

FRIGOTTO, Gaudencio. Éducation et crise du capitalisme réel. São Paulo : Cortez, 1996.

GENTILI, P. & FRIGOTTO, G. (ORG). Citoyenneté refusée : politiques d'exclusion dans l'éducation et le travail. São Paulo, Cortez, 2002.

ARENDT, Hannah (1949): Origines du totalitarisme.

ARENDT, Anne (1950): Qu'est-ce que la politique ?

ARENDT, Hannah (1957): La crise de l'éducation.

ARENDT, Hannah (1958): la condition humaine.

ARENDT, Hannah (1961): Entre passé et futur (Extraits).

ARENDT, Hannah (1971-78): la vie de l'esprit.

ARENDT, Hannah (2000): Le portable Hannah Arendt...

ARENDT, Hannah (1977): Leçons sur la politique de Kant.   philosophie

ARENDT, Hannah (1958): la condition humaine
ARENDT, Anne (1963): Sylla rivoluzione

SAVIANI, Dermeval. Ecole et démocratie. São Paulo. Cortez, 1998.

MORIN, E. Les sept savoirs nécessaires à l'éducation de demain. São Paulo. Cortez ; BRASILIA : UNESCO, 2001.

RANCIÈRE, Jacques. Le maître ignorant : cinq leçons sur l'émancipation intellectuelle. Belo Horizonte : Authentique, 2002.

BIBLIOGRAPHIE DE BASE DE LA PHILOSOPHIE

BOBBIO, Norberto et alii. Dictionnaire des politiques. Trans. Luiz guerrier Pinto Cacais ET alii. Brasilia, Ed. Université de Brasilia, 1986.

BOBBIO, Norberto. Le concept de société civile. Rio de Janeiro, 1995.

BOCHENSK, Innocentius Marie. Philosophie contemporaine occidentale. Trans., coord. et rév. Alfredo Bosi. São Paulo, Mestre Jou, 1982.

CHÂTELET, François, dir. Histoire de la philosophie – idées, doctrines. Rio de Janeiro, Zahar, 1981. 8v.

FOULQUIÉ, Paul. Existentialisme. Trans. J. Guinsburg. 3e éd. São Paulo – Rio de Janeiro, Difel, 1975.

MOUNIER, Emmanuel. Introduction aux existentialismes. Trans. João Bénard da Costa. São Paulo, librairie deux villes, 1963.

LES PENSÉES. São Paulo, avril culturel. Collection dont les volumes ont été utilisés : Aristote, Heidegger, Kant, Locke, Marx, Sartre, Descartes et Francis Bacon.

AUTRES UVRES IMPORTANTES DE L'AUTEUR

1 - Émancipé & Médiocre ;

2 - Apprendre à apprendre ;

3 - Chemins d'humanisation et d'émancipation intellectuelle ;

4 – Pédagogie de la médiocrité ;

5 - Catastrophe à l'école : la négation consentie des droits ;

6 – La complexité de l'évidence ;

7 – Puce d'ignorance ;

8 – L'amour s'apprend en aimant ;

9 – Théorie philosophique de l'existence de Dieu ;

10 – Peste de (a) mal-aimé (a).

11 – Comment créer & administrer une micro-entreprise ;

12 – Secrets de prospérité ;

13 - Vivre dans la Prospérité : le secret des arbres fruitiers ;

14 – L'apartheid social : trois types de citoyens différents ;

15- Apartheid intellectuel : produits scolaires ;

16 – Société corrompue : transgression & art rationnel de la dissimulation ;

17 – Sept (7) leçons de Méthodologie Participative ;

18 – L'égocentrisme enfantin à l'âge adulte ;

19 – Émancipé & Médiocre en Amour ;

20 – Émancipé & Médiocre dans la vie intellectuelle ;

21 – L'art de vivre ensemble : respect des différences ;

22 – Émancipé & Médiocre sur Internet ;

23 – Émancipé & Médiocre en Finance ;

24 – Émancipé & Médiocre au Travail ;

24 - Les femmes que les hommes épousent ;

25 – Les trois transformations de l'Esprit ;

26 – Perles Nietzsche ;

27 – Soyez tout ce que vous pouvez être ;